•FONTANA•

H. P. LOVECRAFT

EL TERROR EN LA LITERATURA

TRADUCCIÓN:
YENIS OCHOA

PRÓLOGO Y PRESENTACIÓN:
FRANCESC LLUIS CARDONA,
Doctor en Historia y Catedrático

EL TERROR EN LA LITERATURA,
H. P. Lovecraft

Prólogo / Presentación: Francesc Lluis Cardona
Traducción: Yenis Ochoa
Diseño gráfico / Ilustración portada: Daniel Jurado

Edita: Olmak Trade S.L.
C/ Roca Plana 1
08110 - Montcada i Reixac
Barcelona (España)

www.olmaktrade.com
info@olmaktrade.com

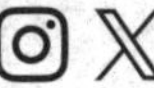
@O_BookTrade
#ClásicosFontana

Impreso en España / Printed in Spain

I.S.B.N: 978-84-10109-69-8
Depósito Legal: B 10109-2024

Estudio preliminar

El autor

Howard Phillips Lovecraft vino al mundo en Providence, capital del estado de Rhode Island, en el hogar familiar, el 20 de agosto de 1890.

Hijo único de un comerciante y de una mujer de ancestral estirpe que se remontaba a los *peregrinos del Mayflower*, cuando tenía tres años, falleció su padre. La educación del pequeño Lovecraft recayó en su madre, sus dos tíos y sobre todo, en su abuelo materno, un importante empresario, todos ellos residentes de la casa familiar.

Lovecraft fue un niño prodigio: recitaba poesía a los dos años, leía a los tres y empezó a escribir a los siete. Su abuelo materno aficionado desde joven a los relatos de horror de la denominada *literatura gótica*, al descubrir el interés que su nieto sentía por esta clase de relatos, le entretenía con cuentos inventados de este tipo. A los quince años Lovecraft escribió su primera obra, *La bestia de la cueva*, a imitación de los cuentos de horror góticos.

En la inmensa biblioteca de su abuelo, descubrió *Las mil y una noches* en edición juvenil que le abrió los ojos al mundo árabe y un ejemplar de *La Ilíada* para niños que lo hizo al paganismo grecolatino. A los cinco años, se declaró ateo, convicción que mantuvo hasta su muerte. No le gustaban los juegos de los niños de su edad, prefiriendo los entretenimientos más pausados e imaginativos, producto de sus lecturas, como las representaciones históricas.

Debido a su precaria salud, no asistió al colegio hasta los ocho años y tuvo que dejarlo después de un año. En su absentismo escolar, siguió devorando libros. Sólo cursó dos años y medio de educación secundaria y aunque su deseo era graduarse e ingresar en la Universidad de Brown para especializarse en astronomía, ciencia que le apasionaba, no pudo hacerlo, debido a una desestabilización nerviosa en la que influyó la muerte de su abuelo materno que provocó, además, la venta de la casa familiar por deudas y su traslado, con su madre, a un apartamento de reducidas dimensiones que hicieron pensar durante algún tiempo a Lovecraft en el suicidio.

De los 19 a los 24 años vivió prácticamente recluido en su nueva casa, en su mayor parte en la cama, leyendo sin tregua y escribiendo miles de versos. A partir de 1914 empezó a publicar una columna astronómica mensual en el *Providence Evening News* y en el *Gazette News* de Asheville, en Carolina del Norte, que te abrieron las puertas del periodismo aficionado, única salida económica (muy precaria) a su situación personal. De este modo, conoció a una pléyade de escritores (la mayoría por correspondencia) que compartían su gusto por los horrores y abominaciones, aunque su auténtico maestro fuera Edgar Allan Poe, con quien se le han establecido paralelismos con su vida y obra.

La muerte de su madre en 1921, supuso para Lovecraft una fuerte conmoción cuando contaba con 31 años de edad. Su madre, para bien o para mal le había sobreprotegido hasta límites demenciales, favoreciendo así el desarrollo de unas determinadas caracterísitcas de su personalidad que condicionarían su forma de ser y su conducta.

Unas semanas más tarde de la muerte de su madre, Lovecraft acudió a una convención de periodistas aficionados en Boston donde conoció a Sonia Greene, una mujer de gran atractivo físico que se enamoró de él, quizás por lo extraño de su carácter, y que, a pesar de sus extravagancias, consiguió llevarlo al altar (no porque hubiera dejado su ateismo visceral, sino porque la iglesia en donde se casaron databa de 1776). Era lógico que tan disparatada unión no cuajara por las dificultades económicas del escritor, su falta de motivación sexual y su repugnancia a la vida neoyorkina en donde habían fijado su residencia. En 1926, cuando ya vivían separados, acordaron un divorcio amigable, aunque nunca se llevó a cabo sobre el papel.

De vuelta a Providence, al año siguiente, convivió con sus tías hasta 1933. Allí es donde se verá superado por la sensación de fracaso circundante, abandonándose a la soledad y la frustración, pero creando sus mejores obras como *La llamada de Cthulhu* o *El horror de Dunwich*. Es entonces cuando se nos muestra en todo su esplendor como precursor de Stephen King.

Durante la gran Depresión, mostró su preocupación por las condiciones políticas y económicas del país, ofreciendo todo su apoyo a Roosevelt, convirtiéndose en un socialista moderado, mientras tanto continuó estudiando una gran variedad de temas, desde filosofía a literatura o historia de la arquitectura.

En 1932, su querida tía murió y se vio obligado a mudarse a una pequeña y exigua habitación. Además se suicidó un íntimo amigo, Robert E. howard, en 1936, dejándolo desconcertado y profundamente apenado.

A fines de febrero de 1937, ingresó en el hospital de Providence, aquejado de fuertes trastornos intestinales. Falleció el 15 de marzo, a los cuarenta y siete años de edad. Fue enterrado en el panteón de su abuelo en el cementerio de *Swan Point*. Muchos años después, algunos de sus aficionados le erigieron una lápida con la inscripción tomada de las miles de cartas que escribió a sus corresponsales: *Yo soy Providence* y una de las frases de *La llamada de Cthulhu*:

«No está muerto lo que puede morir eternamente, y, con el paso de extraños eones, incluso la muerte puede morir.»

Lovecraft y las mujeres

En la obra de Lovecraft las mujeres no son abundantes, ni comprensivas, ni compasivas, ni amables y cuando aparecen son de forma invariable, sirvientas del mal, a veces a pesar suyo. En sus historias no hay romanticismo y cuando aparece el amor es generalmente de forma platónica. La sexualidad posee connotaciones negativas. Si es reproductiva da origen a seres monstruosos. Si bien en el contexto del horror (*El horror de Dunwich*) Lovecraft habla de *horror cósmico* asignando a la humanidad un papel insignificante, por lo que no se preocupa de la sexualidad femenina, sino de la sexualidad humana en general, a la que niega su importancia positiva y vital.

Lovecraft cree que la discriminación en contra de la mujer es una situación oriental, de la que los arios deberían liberarse, confesión que pregona el racismo del escritor, aunque no hay indicios de una pretendida homosexualidad que algunos le han achacado, ni una pretendida misoginia consciente. Debido al fracaso de su matrimonio, algunos autores han hablado de asexualidad u homosexualidad del escritor, aunque Sonia desmintiera energicamente tal ecuacidad.

Trascendencia de su obra

Desde su más tierna infancia Lovecraft padeció violentos sueños y pesadillas. La posterior transcripción de esas aflicciones nocturnas nutrió buena parte de su obra, tómese como ejemplo *La llave de plata*. Producto de sus sueños serán sus extrañas criaturas que describiría en sus *poemas oníricos* (de los que hemos escogido algunos ejemplos)

Si el propio Lovecraft confesara que Edgar Allan Poe fuera su primer y principal modelo, entre 1919 y 1920 fue influido por el aristócrata irlandés lord Dunsany, tan diferente de carácter y forma de ser: temperamental y mujeriego, deportista, cazador, militar, viajero... como similar era Poe, pero tenía algo en común con los dos: su poder de *ensoñación*. Su admiración por lord Dunsany se acrecentó cuando fortuitamente encontró entre sus ancestros un lazo de parentesco con él.

Lovecraft también se ufanó en proclamar su parentesco espiritual con el galés Arthur Llewellyn Manchen, especialmente en la gestación de su monumental ciclo de madurez, los *Mitos de Cthulhu*, *La ciudad sin nombre*, *La tumba*...

Y lo propio hizo con Algernon Blaewood, otro de los grandes maestros modernos del terror con quien se identificó al afirmar la idea de que "sobre nuestro mundo gravita constantemente otro mundo irreal que nos hostiga". Con Blackwood, atribuye a sus monstruos un *origen extraterrestre y no sobrenatural.*

Una influencia también importante, como las anteriores, es la que tuvo del británico William Hope Hudson, especialmente, en la obra de madurez de Lovecraft, se trata de la idea del *terror cósmico*, además de introducir la existencia de *puertas místicas* que permiten el acceso a otras dimensiones paralelas.

Por último, no se puede desechar la influencia del reverendo M. R. James, el más importante cuentista de fantasmas victoriano. De él obtuvo innumerables sugerencias como manuscritos esotéricos, libros perversos imaginarios, jardines fantasmagóricos, lagos pestilentes, oscuros engendros casi invisibles, aunque tangibles y supervivientes de otras razas que salen de noche a devorar a sus vecinos.

En cierta ocasión Lovecraft confesó: "*El conflicto con el tiempo* lo considero el tema más eficaz y provechoso de toda expresión humana", a semejanza de Marcel Proust que como él se enclaustró para trabajar y sufrió la apabullante influencia materna y el ingenio para cambiar una ciudad por otra. El tiempo aparecía en la mente de Lovecraft como la cosa más profunda, dramática, espantosa y terrible del universo. Deseaba evitar los estragos del tiempo creando ciudades intemporales donde no se produjeran cambios, por eso apeló a los *sueños*. Pero su intento de lograrlo resulta en la mayoría de los casos baldío, produciéndose la victoria de aquél, descubriendo que muchos de sus protagonistas están emparentados genéticamente con antepasados monstruosos que se alimentan de ellos.

Sin embargo, no hay que ver a Lovecraft como un extraño del siglo XX, como afirma él de si mismo. Estudiándolo más a fondo, el escritor se nos aparece (salvando toda clase de imponderables) como una especie de Julio Verne del siglo XX. Véase si no sus elucubraciones sobre Plutón, la teoría de la deriva continental y alusiones científicas que bien hubieran podido firmar Einstein, Planck o Heisenberg, así como las metáforas sobre el futuro desarrollo estético, político y económico de la humanidad que se transparenta en las civilizaciones alienígenas de sus obras y de sus interpretaciones oníricas.

Lovecraft nunca llegó a ver editados sus relatos en forma de libro. Hay que agradecer los ímprobos esfuerzos realizados por A. Derleth y D. Wandrei para resucitar la figura del solitario y extravagante escritor de horrores de Providence quienes a sus expensas crearon la editorial Arkham House (fabulosa ciudad de Massachussetts inventada por Lovecraft donde transcurren algunas de sus narraciones). La ímproba tarea se iniciaría en 1940.

Como tantas veces sucedería, Lovecraft fue explotado vilmente por sus editores, la mayor suma que consiguió por uno de sus relatos fueron 240 dólares (claro que de la época), y fue por *El horror de Dunwich*.

Un nutrido grupo de escritores fue conocido como el *Círculo de Lovecraft* ya que tomaban prestados elementos de sus historias para usarlos en sus relatos (con la aquiesencia del propio escritor). Es probable que fuera este círculo (sobre todo, A. Derleth) los que evitaron que el nombre y las historias de Lovecraft cayeran en el olvido y en la oscuridad que tanto temía.

Sin embargo, podemos encontrar elementos Lovecraftianos, además, en la mayoría de autores de ficción a lo largo y ancho del mundo que llegan hasta Stephen King, en novelas, películas, música, videojuegos, cómics y dibujos animados. Así, los villanos de Gotham City (de Batman) son encarcelados en el Asilo Arkham, una invención de Lovecraft. Sea como fuere, sus historias macabras, oníricas o los *Mitos de Cthulhu,* con su panteón de deidades alienígenas extradimensionales y horrores que se alimentan de la humanidad, a pesar de sus arcaismos, en su prosa cobra cada día mayor vigencia. Por ello, de su enorme producción, hemos seleccionado algunas de sus obras más significativas.

Francesc Lluis Cardona

H. P. LOVECRAFT

EL TERROR EN LA LITERATURA

INTRODUCCIÓN

La emoción más antigua y poderosa de la humanidad es el miedo, y la clase de miedo más antigua y poderosa es el miedo a lo desconocido. Pocos psicólogos discutirán estas afirmaciones, y su verdad reconocida debe establecer por todos los tiempos la autenticidad y la validez de la historia de terror sobrenatural como forma literaria. En su contra se arrojan todas las flechas de la sofisticación materialista que se aferra a las emociones más comunes, a los sucesos externos y a un idealismo insípidamente inocente que menosprecia el motivo estético y aboga por una literatura didáctica para «elevar» al lector hacia un grado apropiado de optimismo autosatisfecho. Pero a pesar de esta oposición, la historia sobrenatural ha sobrevivido y se ha desarrollado alcanzando valiosos niveles de perfección; fundamentada como está en un profundo y elemental principio cuyo atractivo, si no siempre universal, sí necesariamente conmovedor y permanente para las mentes que cuentan con la sensibilidad indispensable.

El atractivo de lo macabro, desde un punto de vista espectral, generalmente es limitado puesto que exige del lector un cierto grado de imaginación y una capacidad para desprenderse de la vida cotidiana. Son relativamente escasos los que cuentan con la libertad suficiente respecto la influencia de la rutina diaria como para responder a las llamadas del exterior; no obstante, las historias de sentimientos y sucesos corrientes, las habituales distorsiones de tales sentimientos y sucesos, siempre ocuparán el primer lugar en los gustos de la mayoría de forma inevitable, pues dichas cuestiones cotidianas forman gran parte importante de la experiencia humana. Pero los sensitivos siempre están con nosotros, y en ocasiones una curiosa corriente de fantasía irrumpe en un rincón de la cabeza más recalcitrante; de manera tal que no existe la cantidad suficiente de racionalización, reforma o análisis freudiano que pueda derogar el estremecimiento del susurro del rincón de la chimenea o el bosque solitario. Aquí está involucrado un patrón psicológico o tradición, tan real y profundamente arraigado a la experiencia mental como cualquier otro patrón o tradición de la humanidad; coetáneo con el sentimiento religioso y estrechamente vinculado a muchos aspectos del mismo y a una gran parte de nuestra herencia biológica más íntima como para perder influencia sobre una importante, aunque no numéricamente considerable, minoría de nuestra especie.

Los primeros instintos y emociones del hombre constituyeron su respuesta al entorno en que se encontraba. Los sentimientos específicos, establecidos en el placer y el dolor, se desarrollaron en torno a los fenómenos cuyas causas y efectos comprendía, mientras que alrededor de aquellos que no comprendía (y el universo abundaba en ellos en los primeros tiempos) se urdieron de forma natural personificaciones, interpretaciones extraordinarias y sensaciones de asombro y temor tales que podían golpear una raza que tenía escasas y sencillas ideas y una experiencia limitada. Lo desconocido, que era del mismo modo impredecible, se convirtió para nuestros primitivos ancestros en una terrible y omnipotente fuente de bendiciones y calamidades que recaían en la humanidad por razones crípticas y del todo extraterrestres, y que por lo tanto pertenecían manifiestamente a esferas de la existencia de las cuales no sabemos nada y en las que no tenemos papel alguno. De la misma manera, el fenómeno del sueño ayudó a construir la noción de un mundo irreal o espiritual; y, en general, las condiciones de los albores de la vida conducían con tanta fuerza hacia un sentimiento de lo sobrenatural, que no es necesario que nos preguntemos por la minuciosidad con la que la misma esencia hereditaria del hombre se ha saturado de religión y superstición. Esa saturación debe, en cuanto a hecho científico evidente, ser considerada como virtualmente permanente en tanto en cuanto atañe al subconsciente y a los instintos más profundos; puesto que a pesar de que el área de lo desconocido ha ido reduciendo de forma constante durante miles de años, una reserva infinita de misterio todavía ocupa la mayor parte del cosmos exterior, mientras que un extenso residuo de poderosas asociaciones heredadas se aferran en torno a todos los objetos y procesos que en su día fueron misteriosos, por bien que puedan ser explicados hoy en día. Y es más, hay una verdadera fijación fisiológica de los instintos primitivos en nuestro tejido nervioso que podría hacerlos oscuramente operativos incluso aunque la mente consciente fuera purgada de todas las fuentes de asombro.

En tanto que recordamos el dolor y la amenaza de la muerte más intensamente que el placer, y puesto que nuestros sentimientos hacia los aspectos provechosos de lo desconocido han sido desde el principio acaparados y formalizados por los rituales religiosos convencionales, ha recaído en el terreno del lado más oscuro y maléfico del misterio cósmico figurar prominentemente en nuestro folclore sobrenatural popular. También, esta tendencia es naturalmente realzada por el hecho de que la incertidumbre y el peligro siempre han estado muy estrechamente asociados;

convirtiendo así cualquier clase de mundo de lo desconocido en un mundo de peligro y malignas posibilidades. Cuando a esta sensación de miedo y mal se le suma de forma superlativa la inevitable fascinación del asombro y la curiosidad, nace un cuerpo compuesto de penetrante emoción e imaginativa provocación cuya vitalidad debe necesariamente persistir tanto como la propia raza humana. Los niños siempre tendrán miedo a la oscuridad, y los hombres con mentes sensibles al impulso hereditario siempre se estremecerán ante la idea de mundos ocultos e insondables cuya extraña vida puede palpitar en los abismos que están más allá de las estrellas, o impactar horriblemente sobre nuestro mundo en dimensiones impías que sólo los muertos y los lunáticos pueden vislumbrar.

En base a esto, nadie tiene necesidad de asombrarse ante la existencia de una literatura de terror cósmico. Siempre ha existido y siempre existirá; y no se puede citar mejor prueba de su tenaz vigor que el impulso que hoy y ayer mueve a escritores de inclinaciones totalmente opuestas a experimentar con ella en historias aisladas, como para liberar de sus mentes ciertas formas fantasmales que de otro modo los perseguirían. Así, Dickens escribió numerosas narraciones sobrecogedoras; Browning el horripilante poema *«Childe Roland»*; Henry James, *Otra vuelta de tuerca*; el doctor Olivier Wendell Holmes, la sutil novela *Elsie Venner*; F. Marion Crawford, *«The Upper Berth»* y una serie de ejemplos adicionales; la señora Charlotte Perkins Gilman, trabajadora social, *El empapelado amarillo*; mientras que el humorista W. W. Jacobs escribió la sólida pieza melodramática titulada *«La pata de mono»*.

Este género de literatura de terror no se debe enredar con otra en apariencia similar pero psicológicamente muy distinta: la literatura del simple miedo físico y de lo mundanamente horripilante. Tal escritura, sin duda, tiene su lugar, igual que lo tiene la historia de fantasmas convencional o incluso enigmática o humorística donde el formalismo o el guiño cómplice del autor eliminan la genuina sensación de terror cósmico en su acepción más estricta. La verdadera historia sobrenatural es algo más que un misterioso asesinato, huesos ensangrentados o una forma cubierta de una sábana que hace sonar sus cadenas de acuerdo con el imaginario popular. Debe estar presente una cierta atmósfera de irrespirable e inexplicable terror a fuerzas externas y desconocidas; y debe haber una insinuación, expresada con una seriedad y cualidad portentosa que se convierta en su protagonista, de la más terrible concepción del cerebro humano: una maligna y particular suspensión o derrota de aquellas leyes fijas de la naturaleza que son nuestra única salvaguarda contra el asalto del caos y los demonios del incognoscible espacio.

Lógicamente no podemos esperar que todas las historias sobrenaturales se acoplen por completo a ningún modelo teórico. Las mentes creativas son irregulares, y la mejor de las estructuras tiene sus puntos débiles. Además, gran parte de las mejores obras sobrenaturales es inconsciente; se presenta en fragmentos memorables desperdigados a lo largo de material cuyo efecto global bien puede ser de un temperamento muy diferente. La atmósfera es el elemento fundamental, ya que el criterio último de autenticidad no es el ensamblaje de un argumento, sino la creación de una sensación determinada. Debemos decir, en general, que una historia sobrenatural cuya intención es enseñar o producir un efecto social, o una en la que los horrores se declaran en último término por medios naturales, no es una verdadera historia de terror cósmico; pero no invalida el hecho de que tales narrativas poseen, en fragmentos aislados, toques atmosféricos que cumplen todas las condiciones de la verdadera literatura de terror sobrenatural. Por lo tanto debemos calificar la historia sobrenatural no por la intención del autor, ni por los simples mecanismos del argumento, sino por el nivel emocional que adquiere en su punto menos mundano. Si se avivan las sensaciones adecuadas, tal «punto álgido» debe ser acogido por méritos propios como literatura sobrenatural, sin importar cuán prosaicamente fracase más adelante. La única prueba de lo verdaderamente sobrenatural es simplemente ésta: si se logra despertar en el lector o no una profunda sensación de terror y contacto con esferas y poderes desconocidos; una tenue actitud de atención pasmada, ya sea por el batir de unas alas o por el roce de las formas y entidades externas del borde más lejano del universo conocido. Y, por supuesto, cuanto más completa y unificadamente recuerde una historia esta atmósfera, mejor es en tanto que obra de arte en el medio escogido.

CAPÍTULO 1

El nacimiento de la historia de terror

Como cabe esperar de una forma tan estrechamente conectada con una emoción primaria, la historia de terror es tan antigua como el pensamiento y el habla humanos.

El terror cósmico aparece como un ingrediente del folclore más temprano de todas las razas, y está cristalizado en las baladas, crónicas y escritos sagrados más arcaicos. De hecho, era un rasgo sobresaliente de la elaborada y ceremonial magia, con sus rituales para la invocación de demonios y espectros, que florecieron desde tiempos prehistóricos, y que alcanzaron su máximo desarrollo en Egipto y las naciones semíticas. Fragmentos como el *Libro de Enoch* y la *Claviculae de Salomón* ilustran el poder de lo sobrenatural en la mente oriental ancestral, y en tales cosas se basaron los duraderos sistemas y tradiciones cuyos ecos se amplían en la oscuridad incluso hasta nuestros días. Es posible encontrar manifestaciones de este terror trascendental en la literatura clásica, y hay pruebas de un énfasis aún mayor en la literatura de la balada que se desarrolló en paralelo a la corriente clásica, pero desapareció por la falta de un medio escrito. La Edad Media, envuelta en una oscuridad fantástica, le dio un formidable impulso a la expresión; Occidente y Oriente por igual se afanaron en preservar y ampliar el legado oscuro, tanto del folclore aleatorio como del cabalismo y la magia sistemáticamente formulados que habían llegado a ellos. Bruja, hombre lobo, vampiro y demonio necrófago rebosante de forma alarmante en los labios del bardo y la anciana, y necesitaron pocos ánimos para dar el paso final y franquear la barrera que divide la historia o canción cantada de la composición literaria formal. En Oriente, la historia sobrenatural tendía a asumir un hermoso colorido y exuberancia que casi la transformaba en pura fantasía. En Occidente, donde los míticos teutones habían bajado desde sus bosques boreales negros y los celtas recordaban extraños sacrificios en bosquecillos druídicos, asumió un terrible ímpetu y una convincente seriedad de atmósfera que duplicaba la fuerza de sus horrores velados y medio ocultos.

Gran parte del poder de la tradición popular del terror occidental sin duda se debía a la presencia oculta pero a menudo sospechada de un aterrador culto de adoradores nocturnos cuyas extrañas costumbres —descendientes de los tiempos anteriores a los arios y a la agricultura cuando una raza de mongoles recorrió Europa con sus rebaños— estaban arraigadas en los más desagradables rituales de fertilidad de inmemorial antigüedad. Esta religión secreta, reservadamente transmitida entre los campesinos durante miles de años, a pesar del aparente reinado de los cultos druídicos, grecorromanos y cristianos en las regiones involucradas, se caracterizaba por salvajes «aquelarres de brujas» en bosques solitarios y en lo alto de remotas colinas la noche de Walpurgis y Halloween, y por las tradicionales estaciones de cría de cabras, ovejas y ganado vacuno. Fue este culto el que se convirtió en la fuente de vasta riqueza de leyendas de brujería, además de desatar extensivas persecuciones de brujas, de las cuales el caso de Salem constituye el principal ejemplo de Norteamérica. Parecido en su esencia, y quizá de hecho conectado a él, era el tenebroso sistema secreto de teología invertida o adoración a Satán que produjo horrores tales como la famosa «misa negra». Aunque se dirigían al mismo fin, cabe fijarse en las actividades de aquellos cuyos objetivos eran en cierto modo más científicos o filosóficos: los astrólogos, cabalistas y alquimistas del tipo de Alberto Magno y Ramon Llull, que invariablemente abundaban en aquellos tiempos incivilizados. El predominio y profundidad del espíritu del terror medieval en Europa, intensificado por la oscura desesperación que llevaban consigo las oleadas de peste, se puede juzgar con imparcialidad en las grotescas tallas perspicazmente introducidas en muchas de las mejores obras eclesiásticas del gótico tardío de la época; las demoníacas gárgolas de Notre-Dame y Mont Saint Michel se cuentan entre los más famosos especímenes. Y se debe recordar que a lo largo de todo el período existió, entre los cultos y los incultos por igual, la más incuestionable fe en toda forma de lo sobrenatural; desde la más moderada de las doctrinas cristianas hasta las monstruosas prácticas morbosas de la brujería y la magia negra. Los magos y alquimistas del Renacimiento —Nostradamus, Trithemius, John Dee, Robert Fludd y demás— no nacieron precisamente de un trasfondo vacío.

En este fértil terreno se nutrieron los arquetipos y personajes de los sombríos mitos y leyendas que persisten en la literatura sobrenatural hasta el día de hoy, más o menos disfrazados o alterados por la técnica moderna. Muchos de ellos fueron tomados de las fuentes orales más tempranas y forman parte del legado permanente de la humanidad. La sombra que aparece y exige el entierro de sus huesos, el demonio amante que se presenta para llevarse a su novia todavía virgen, el esbirro de la muerte o psicopompo que cabalga en el viento de la noche, el hombre lobo, la cámara sellada, el hechicero inmortal: todos ellos se pueden encontrar en el curioso corpus de tradición popular medieval que el difunto señor Baring-Gould reunió con tanta eficiencia en un libro. Allá donde la sangre mística del norte era más fuerte, la atmósfera de las historias populares se volvía más intensa, ya que en las razas latinas hay un toque de sensatez básica que niega, incluso a sus más extrañas supersticiones, muchas de las connotaciones de glamour tan características de nuestros propios susurros nacidos en los bosques y preservados en el hielo.

Exactamente del mismo modo que toda ficción encontró su primera expresión en la poesía, es en la poesía donde primero encontramos una aparición permanente de lo sobrenatural en la literatura estándar. La mayoría de los ejemplos ancestrales, lo cual es bastante curioso, se encuentran en prosa; como el incidencia del hombre lobo en Petronio, el truculento pasaje de Apuleyo, la breve pero celebrada carta de Plinio el Joven a Sura y la inusual antología *De las cosas maravillosas* del liberto griego del emperador Adriano, Flegón. Es en la obra de Flegón donde por primera vez encontramos la aterradora historia de la novia cadáver, *«Philinnion y Machates»*, más tarde narrada por Proclo y en tiempos modernos, como inspiración del relato de Goethe *«La novia de Corinto»* y en el de Washington Irving *«El estudiante alemán»*. Pero para la época en que los mitos del norte toman forma literaria, y en esa época posterior cuando lo sobrenatural aparece como un elemento constante en la literatura del momento, lo encontramos sobre todo bajo el disfraz métrico; de la misma forma, de hecho, que encontramos la mayor parte de la escritura rigurosamente imaginativa de la Edad Media y el Renacimiento. Los eddas y las sagas escandinavas truenan de terror cósmico, se estremecen con el miedo absoluto a Ymir y a su progenie sin forma; mientras que nuestro propio *Beowulf* anglosajón y las posteriores historias continentales de nibelungos están llenas de elementos sobrenaturales de otro mundo. Dante es un pionero en la representación clásica de la atmósfera macabra, y en las majestuosas estrofas de Spenser se verán más que unos cuantos toques de terror fantástico en paisaje, incidente y personaje. La literatura en prosa nos ha dado *La muerte de Arturo,* de Malory, en la que se presentan muchas situaciones espantosas tomadas de las fuentes tempranas de la balada —el robo de la espalda y el paño de seda del cadáver en la Capilla Peligrosa de mano de sir Lanzarote, el fantasma de sir Gawaine y el demonio del sepulcro que ve sir Galahad—, mientras que otros especímenes más burdos fueron sin duda creados en los baratos y sensacionalistas chapbooks que vendían en la calle los buhoneros y eran devorados por los ignorantes. En el drama isabelino, con su *Doctor Fausto,* las brujas en *Macbeth,* el fantasma en *Hamlet* y el espantoso gusto por lo macabro de Webster, podemos discernir sin dificultad la fortaleza de lo demoníaco en la mente del público; una presencia incrementada por un temor muy real de la brujería viviente, cuyos horrores, primero desatados en el continente, comienzan a resonar con fuerza en los oídos ingleses a medida que las cruzadas para cazar brujas de Jacobo I de Inglaterra progresan. A la indefinible prosa mística de todos los tiempos se añade una larga lista de tratados sobre brujería y demonología que contribuyen a excitar la imaginación del mundo lector.

A lo largo de los siglos XVII y XVIII, contemplamos una creciente masa de colecciones de leyendas y baladas de naturaleza oscura; no obstante, todavía permanecen bajo la superficie de la literatura amable. Los chapbooks de terror y temática sobrenatural se multiplicaron. Vislumbramos el ávido interés del público a través de fragmentos como «*La aparición de la señora Veal*», de Defoe, una prosaica historia sobre la visita espectral de una mujer muerta a un amigo lejano, escrita para publicitar de forma encubierta una investigación teológica sobre la muerte que no se vendía muy bien. Los estratos superiores de la sociedad ya estaban perdiendo la fe en lo sobrenatural, entregándose a un período de racionalismo clásico. Luego, empezando con las traducciones de las narraciones orientales durante el reinado de la reina Ana y culminando en forma decisiva hacia mediados de siglo, llega el renacimiento del sentimiento romántico: la era de la nueva alegría en la Naturaleza y el resplandor del pasado, las escenas extrañas, las intrépidas hazañas y las asombrosas maravillas. Lo percibimos primero en los poetas, cuyas expresiones adoptan nuevas cualidades de asombro, extrañeza y convulsión. Y finalmente, tras la tímida aparición de unas cuantas escenas sobrenaturales en las novelas del momento —tales como en *Adventures of Ferdinand Count Fathom*, de Smollett—, el instinto liberado se precipita en el nacimiento de una nueva escuela de escritura: la escuela «gótica» de la ficción de terror y fantástica en prosa, corta y larga, cuya posteridad literaria está destinada a convertirse en tan numerosa, y en tantos casos repletos de méritos artísticos. Cuando uno reflexiona al respecto, es genuinamente llamativo que la narración sobrenatural, en cuanto a forma literaria establecida y académicamente reconocida, haya sido tan tardía en su alumbramiento. El impulso y la atmósfera son tan antiguos como el hombre, pero la historia sobrenatural característica de la literatura estándar es una criatura del siglo XVIII.

CAPÍTULO 2

La novela gótica temprana

Los paisajes tomados por las sombras de «*Ossian*», las caóticas visiones de William Blake, las grotescas danzas de las brujas en el poema «*Tam o'Shanter*» de Burns, el siniestro demonismo en las composiciones «*Christabel*» y «*La balada del viejo marinero*», el fantasmagórico hechizo de «*Kilmeny*», de James Hogg, y los acercamientos más contenidos al terror cósmico en «*Lamia*» y otros muchos poemas de Keats, son los típicos ejemplos británicos de la llegada de lo sobrenatural a la literatura formal. Nuestros parientes teutones del continente eran igualmente receptivos a la creciente corriente, y «*Cazador salvaje*» de Bürger y la aún más célebre balada de novia demoníaca «*Lenore*» —ambas imitadas en inglés por Scott, cuyo respeto por lo preternatural siempre fue enorme—, son sólo una muestra de la riqueza sobrenatural que la canción alemana había comenzado a labrar. Thomas Moore adaptó de esa clase de fuentes la leyenda de la novia estatua necrófaga (más tarde empleada por Prosper Mérimée en «*La venus de Ille*»), que se remonta a tiempos muy lejanos y que tan estremecedoramente resuena en su balada «*El anillo*»; mientras que la inmortal obra maestra de Goethe, *Fausto*, que va más allá la mera balada y penetra en la tragedia cósmica clásica de todos los tiempos, puede ser considerada el punto álgido al que llegó este impulso poético alemán.

No obstante, se le reservó al enérgico y mundano caballero inglés —ni más ni menos que el propio Horace

Walpole— el darle al emergente impulso forma definitiva y convertirse en el verdadero precursor de la historia de terror literaria como forma permanente. Inclinado a los romances medievales y al misterio como una distracción a la que no se consagraba profesionalmente, y con una pintoresca imitación de castillo gótico como residencia en Strawberry Hill, en 1764, Walpole publicó *El castillo de Otranto,* una historia sobre el mundo sobrenatural que, a pesar de no ser en absoluto convincente y sí bastante mediocre, estaba consignada a ejercer una influencia que se puede considerar casi sin parangón en la literatura de lo extraterrenal. Primero la dio conocer sólo como una «traducción» por un tal «William Marshal, Gent.» del italiano del autor ficticio «Onuphrio Muralt». Más adelante el autor reconoció su conexión con el libro y se complació en su amplia e instantánea popularidad, una popularidad que significó numerosas ediciones, tempranas adaptaciones al teatro y una emulación al por mayor tanto en Inglaterra como en Alemania.

La historia —tediosa, artificial y melodramática— además está afectada de un estilo burdo y prosaico cuya energía urbanita en ningún momento permite la creación de una atmósfera verdaderamente sobrenatural. Cuenta la historia de Manfred, un príncipe usurpador sin escrúpulos decidido a fundar una línea sucesoria, quien tras la misteriosa y súbita muerte de su único hijo Conrad la mañana de la boda de éste, intenta deshacerse de su esposa Hipólita y casarse con la dama reservada al desafortunado joven; el muchacho, por cierto, falleció aplastado por la preternatural caída de un casco gigantesco en el patio del castillo. Isabella, la novia viuda, huye de este destino y encuentra en las criptas subterráneas del castillo a un joven y noble protector, Theodore, quien finge ser un campesino pero guarda un extraño parecido con el viejo lord Alfonso, que reinaba en el territorio antes de los tiempos de Manfred. Poco después de eso, los fenómenos sobrenaturales arremeten contra castillo de diversas maneras; se descubren fragmentos dispersados de una armadura gigantesca, un retrato abandona su lienzo, un rayo destruye el edificio y un colosal espectro con armadura de Alfonso emerge de las ruinas para ascender entre las nubes que se abren a los brazos de san Nicolás. Se descubre que Theodore, que había cortejado a la hija de Manfred, Mathilda, y la había perdido en manos de la muerte —ya que es asesinada por su padre por error—, es el hijo de Alfonso y heredero de pleno derecho del reino. Él concluye la historia casándose con Isabella y disponiéndose para vivir felices para siempre, mientras que Manfred —cuya usurpación fue la causa de la muerte sobrenatural de su hijo y de su propio sobrenatural tormento— se recluye en un monasterio para redimirse; su infeliz esposa busca refugio en un convento cercano.

Tal es la historia: aburrida, forzada y en general carente del genuino terror cósmico que constituye la literatura sobrenatural. Sin embargo, tal era el gusto de la época por los toques de excentricidades y espectrales tiempos remotos que refleja, que tuvo una buena recepción por parte de los lectores más formales y se elevó en espíritu por encima de su impericia intrínseca a un pedestal de noble importancia en la historia de la literatura. Lo que hizo por encima de todo fue crear una clase de escena, personajes funcionales y acaecimientos novedosos; todo lo cual, empleado para obtener los mejores resultados por autores más adaptados de forma natural a la creación sobrenatural, estimuló el crecimiento de una escuela de estilo gótico que a su vez inspiró verdaderos creadores de terror cósmico; una línea de verdaderos artistas que comienza con Poe. La parafernalia dramática de esta novela consistía en primer lugar en el castillo gótico, de asombrosa antigüedad, de extensas distancias y alas laberínticas abandonadas o en ruinas, pasillos húmedos, insalubres catacumbas ocultas, y una galaxia de fantasmas y aterradoras leyendas, como núcleo de misterio y sustos demoníacos. Además, incluía al tiránico y malévolo noble como el villano; la angelical, perseguida y, en general, insípida heroína que se enfrenta a horrores de orden mayor y sirve como punto de vista y foco para las simpatías del lector; el valiente e intachable héroe, siempre de alta cuna pero a menudo de apariencia humilde; la convención de sonoros nombres extranjeros, fundamentalmente italianos, para los personajes; y el interminable despliegue de utilería que incluye extrañas luces, putrefactas puertas secretas, lámparas apagadas, mohosos manuscritos ocultos, chirriantes goznes, cortinas que se estremecen y demás. Toda esta parafernalia evoca un divertido parecido, aunque en ocasiones con un efecto tremendo, a lo largo de la historia de la novela gótica, y que de ningún modo se ha extinguido a día de hoy. Sin embargo, las técnicas más sutiles ahora exigen asumir una forma menos ingenua y evidente. Se había descubierto un armonioso panorama para una nueva escuela, y el mundo de la literatura no perdió un instante a la hora de aprovechar la oportunidad.

Los románticos alemanes respondieron de inmediato a la influencia de Walpole, y pronto se convirtió en sinónimo de lo sobrenatural y lo espectral. En Inglaterra, uno de los primeros imitadores fue la célebre señora Barbauld, antes señorita Aikin, quien en 1773 publicó un fragmento inacabado titulado *«Sir Bertrand»*, en el cual se tocaban las cuerdas del verdadero terror con una mano nada torpe. Un noble en un oscuro y solitario páramo, atraído por el tañido de una campana y una luz distante, penetra en un extraño y antiguo castillo con un torreón cuyas puertas se abren y se cierran y su azulado fuego fatuo descubre misteriosas escaleras que conducen hacia manos de muertos y negras estatuas animadas. Finalmente se llega a un ataúd con una dama muerta, a quien sir Bertrand besa; y en el curso del beso la escena se disuelve para dar lugar a unos espléndidos apartamentos donde la dama, devuelta a la vida, celebra un banquete en honor a su salvador. Walpole fue admirador de esta historia, a pesar de que le tuvo menos respeto a un vástago aún más evidente de su Otranto, *El barón inglés*, de Clara Reeve, publicada en 1777. Ciertamente, esta historia carece de la verdadera vibración de la nota de extranjeros, oscuridad y misterio que distinguen el fragmento de la señora Barbauld; y aunque es menos burda que la novela de Walpole, y artísticamente más económica en términos de horror al sólo tener en su haber una figura espectral, es sin embargo demasiado desaborida para alcanzar grandeza. Aquí tenemos de nuevo al virtuoso heredero del castillo disfrazado de campesino al que restaura sus derechos el fantasma de su padre; y otra vez nos topamos con un caso de amplia popularidad que da pie a numerosas ediciones, adaptación teatral y, por último, una traducción al francés. La señorita Reeve escribió otra novela sobrenatural, por desgracia nunca publicada y hoy perdida.

La novela gótica ya se había establecido como forma literaria, y los ejemplos se multiplicaron de un modo extraordinario a medida que el siglo XVIII tocaba su fin. *The Recess*, escrita por Sophia Lee en 1785, cuenta con el elemento histórico, que gira en torno a las hijas gemelas de María I Estuardo, reina de Escocia; y a pesar de la ausencia de lo sobrenatural, recurre a la escenografía y los mecanismos de Walpole con gran destreza. Cinco años más tarde todos los faros existentes palidecerán por el ascenso de una nueva luminaria de un orden plenamente superior: la señora Ann Radcliffe (1764-1823), cuyas célebres novelas convirtieron el horror y el suspense en una moda, estableciendo nuevos y más altos patrones en el dominio de lo macabro y la atmósfera instigadora de terror a pesar del irritante hábito de destruir sus propios fantasmas al final a través de intricadas explicaciones mecánicas. A las familiares insignias góticas de sus predecesores, la señora Radcliffe añadió un genuino sentido de lo extraterrenal a las escenas y acontecimientos que se aproximaban mucho a la genialidad; cada matiz del escenario y la acción contribuían artísticamente a la impresión de temor ilimitado que ella quería plasmar. Unos cuantos detalles siniestros como un rastro de sangre en la escalera del castillo, un gruñido desde un sótano lejano, o una canción sobrenatural en un bosque durante la noche, pueden reclamar las más poderosas imágenes del inminente horror, superando de lejos la extravagante y ardua elaboración de otros. Y estas imágenes en sí mismas no son menos potentes porque sean explicadas antes del final de la novela. La imaginación visual de la señora Radcliffe era muy enérgica, y aparece tanto en las atmósferas de sus deliciosos paisajes —siempre en amplios y glamorosos perfiles pictóricos y nunca al detalle— como en sus fantasías sobrenaturales. Sus principales puntos débiles, aparte del hábito de deshacer vulgarmente la fantasía, son la tendencia a los errores geográficos e históricos y la fatídica predilección por salpicar sus novelas con insípidos poemitas, atribuidos a alguno que otro de sus personajes.

La señora Radcliffe escribió seis novelas: *Los castillos de Athlin y Dunbayne* (1789), *A Sicilian Romance* (1794), *The Romance of the Forest* (1791), *Los misterios de Udolfo* (1794), *El italiano o el confesionario de los penitentes negros* (1797) y *Gaston de Blondelville*, escrita en 1802 pero publicada por primera vez póstumamente en 1826. De éstas, *Los misterios de Udolfo* es con diferencia la más famosa, y podría tomarse como ejemplo de la historia gótica temprana en su mejor expresión. Es la crónica de Emily, una joven francesa que se traslada a un antiguo y suntuoso castillo en los Apeninos a causa del fallecimiento de sus padres y el matrimonio de su tía con el señor del castillo, el intrigante noble Montoni. Sonidos misteriosos, puertas que se abren, terroríficas leyendas y un horror inenarrable en un sepulcro oculto tras un velo negro operan en una rápida sucesión para turbar a la heroína y a su fiel dama de compañía Annette; no obstante, al final, tras la muerte de su tía, ella escapa con la ayuda de otro prisionero a quien descubre. De camino a casa se detiene en un château asolado por nuevos horrores —el ala abandonada donde la difunta señora del château vivía y la cama de la muerta con el paño mortuorio negro—, pero finalmente le es devuelta la seguridad y la felicidad por su amante Valacourt, tras el esclarecimiento de un secreto que durante un tiempo pareció implicar su nacimiento en el misterio. Evidentemente, éste es el único material revisado; pero está tan bien revisado que *El misterio de Udolfo* siempre será un clásico. Los personajes de la señora Radcliffe son marionetas, pero lo son de un modo menos marcado que aquellos de sus predecesores. Y en la creación de atmósferas, ella sobresale notoriamente entre sus coetáneos.

De los numerosos imitadores de la señora Radcliffe, el novelista norteamericano Charles Brockden Brown destaca como el más próximo en espíritu y método. Como ella, él estropeaba sus creaciones con explicaciones lógicas; y también como ella, tenía un extraordinario poder atmosférico que otorga a sus horrores una terrorífica fuerza en tanto en cuanto permanecen inexplicados. Se diferenciaba en descartar con desdén la parafernalia y las características externas góticas y se decantaba por escenarios de la Norteamérica moderna para sus misterios; pero su rechazo no se extendía al espíritu gótico y al tipo de incidente. Las novelas de Brown incluyen algunas escenas de terror célebres, y supera incluso a la señora Radcliffe a la hora de describir el funcionamiento de una mente trastornada. Edgar Huntly comienza con un sonámbulo excavando una tumba, pero más tarde queda impedido por los toques del didacticismo godwiniano. Ormond gira en torno al miembro de una siniestra hermandad secreta. Ésta y Arthur Mervyn describen una plaga de fiebre amarilla que el autor había presenciado en Filadelfia y Nueva York. Pero el libro más célebre de Brown es *Wieland, o la transformación* (1798), en la cual un alemán de Pensilvania, asolado por una oleada de fanatismo religioso, oye «voces» y asesina a su mujer y a sus hijos como sacrificio. Su hermana Clara, quien narra la historia, escapa por poco. La escena, ubicada en los bosques de Mittingen, en los remotos confines de Schuylkill, está relatada con extrema viveza; y los terrores de Clara, rodeados por las notas espantosas, los temores crecientes y los extraños pasos en la solitaria casa, están fundados en una verdadera fuerza artística. Al final, se ofrece una poco convincente explicación relacionada con la ventriloquia, pero la atmósfera es genuina mientras dura. Carwin, el malvado ventrílocuo, es el típico villano de la clase de Manfred o Montoni.

CAPÍTULO 3

La cumbre del romance gótico

El terror en la literatura alcanza una nueva maldad en la obra de Matthew Gregory Lewis (1775-1818), cuya novela *El monje* (1796) obtuvo una maravillosa popularidad y le granjeó el seudónimo de «monje» Lewis. Este joven autor, educado en Alemania y empapado en un cuerpo de salvaje tradición teutónica desconocida para la señora Radcliffe, se volcó en el terror mediante formas más violentas de las que su delicada predecesora había osado jamás imaginar; y como resultado compuso una obra maestra de incansable pesadilla cuyo temperamento gótico general está condimentado con cierta cantidad adicional de elementos macabros. La historia trata sobre un monje español, Ambrosio, quien desde un estado de soberbia virtud es tentado hasta los niveles más bajos del mal por un demonio disfrazado bajo la forma de la doncella Mathilda; y quien finalmente, cuando aguarda la muerte a manos de la Inquisición, es convencido por el Diablo para tratar de huir a cambio de su alma, puesto que considera que tanto su cuerpo como su alma ya están condenados. De ahí en adelante, el demonio burlón lo lleva a un lugar aislado, le dice que ha vendido su alma en vano ya que el perdón y la oportunidad de la salvación estaban próximos en el momento de su impío trato y completa su sardónica venganza reprendiéndolo por sus crímenes antinaturales y arrojando su cuerpo por un precipicio mientras su alma se dirige para siempre a la perdición. La novela contiene terroríficas descripciones, como el conjuro en las criptas que hay bajo el cementerio de la abadía, el incendio de la abadía y el fin último del malvado abad. En la trama secundaria, en la cual el marqués de las Cisternas se encuentra con el espectro de su ancestro errante, la monja ensangrentada, hay muchos golpes tremendamente poderosos; a enfatizar la visita del cadáver animado a la cabecera de la cama del marqués y el ritual cabalístico mediante el cual el judío errante lo ayuda a esclarecer y hacer desaparecer a su verdugo muerto. No obstante, *El monje* se hace tristemente largo al leerlo íntegramente. Es demasiado extenso y confuso, y gran parte de su potencia se ve aniquilada por la frivolidad y por la reacción desmañadamente excesiva contra aquellos cánones del decoro que al principio Lewis desdeñaba por considerarlos remilgados. Se puede decir algo grandioso del autor: él nunca echó a perder sus visiones fantasmagóricas con una explicación natural. Alcanzó el éxito en el objetivo de romper la tradición iniciada por Radcliffe y al expandir el campo de la novela gótica. Lewis escribió mucho más aparte de *El monje*. Su obra de teatro *El espectro del castillo* fue producida en 1798, y más adelante encontró tiempo para componer otras ficciones en forma de balada: *Tales of Terror* (1799), *Tales of Wonder* (1801) y una serie de traducciones del alemán.

Los romances góticos, tanto ingleses como alemanes, comenzaron a aparecer en una multitudinaria y mediocre profusión. La mayoría de ellos eran simplemente grotescos a la luz del gusto de la época, y la famosa sátira de la señorita Austen, *La abadía de Northanger*, fue en todos los sentidos un merecido rechazo a una escuela que se había hundido profundamente en el absurdo. Aquella escuela en particular estaba en vías de extinción, pero antes de su definitiva desaparición, emergió de ella su última y más importante figura en la persona de Charles Robert Maturin (1782-1824), un desconocido y excéntrico párroco irlandés. Del vasto cuerpo de variados escritos, que incluye una confusa imitación llamada *Venganza fatal o la familia de Montorio* (1807), al final Maturin desarrolló la vívida obra maestra del terror *Melmoth el errabundo* (1820), en la cual la historia gótica logró unas alturas de puro terror espiritual que nunca había conocido con anterioridad.

Melmoth es la historia de un caballero irlandés quien, en el siglo XVII, obtuvo una vida preternaturalmente prolongada del Diablo a costa de su alma. Si él lograra persuadir a alguien de quedarse con su trato y posesionarse su estado de existencia, podría salvarse; pero no consigue nunca materializarlo, sin importar el tesón con el que acecha a aquellos cuya desesperación los ha convertido en seres temerarios y perturbados. El contexto de la historia es muy mostrenco; cuenta con largas y pesadas digresiones, narraciones dentro de narraciones, y elaborados ensamblajes y coincidencias; pero en varios puntos de las imperecederas divagaciones se aprecia el pulso de un poder inexistente en ninguna obra anterior de esta clase: un lazo con la verdad esencial de la naturaleza humana, una compresión de las más profundas raíces del verdadero terror cósmico, y la intensidad de la implicada pasión por parte del autor que convierte en el libro en un genuino documento de la expresión estética del yo más que en un mero compuesto ingenioso de artificio. Ningún lector imparcial dudará que *Melmoth* representa un importante paso en la evolución de la historia del terror. El miedo sale del reino de lo convencional y se eleva a una espantosa nube que se cierne sobre el mismo destino de la humanidad.

Los escalofríos de Maturin, el trabajo de alguien capaz de estremecerse a sí mismo, son decisivos. Es legítimo que la señora Radcliffe y Lewis sean objeto de parodia, pero sería difícil encontrar una nota de falsedad en la febrilmente intensificada acción y en la alta tensión atmosférica del irlandés cuyas emociones menos refinadas y el peso del misticismo celta lo proveyeron del mejor equipamiento natural posible para su cometido. Sin duda alguna, Maturin es un hombre de auténtico talento, y así lo reconoció Balzac, quien comparaba *Melmoth* con *Don Juan*, de Molière, *Fausto*, de Goethe y *Manfred*, de Byron, y escribió una caprichosa pieza llamada «*Melmoth reconciliado*», en la cual el errabundo logra transferir su trato diabólico a un vago parisino, quien a su vez se lo pasa a una sucesión de víctimas hasta que un alegre tahúr muere con él en su posesión y con su condena acaba la maldición. Scott, Rossetti, Thackeray y Baudelaire son los otros grandes escritores que admiraban sin reservas a Maturin, y es muy representativo el hecho de que Oscar Wilde, tras su caída en desgracia y posterior exilio, adoptará para sus últimos días en París el nombre de «Sebastian Melmoth».

Melmoth contiene escenas que incluso hoy conservan su poder para provocar horror. Comienza en un lecho de muerte: un viejo avaro está sometido por el pánico a causa de algo que ha visto, además de un manuscrito que ha leído y un retrato familiar que cuelga en un recóndito armario de su casa centenaria en County Wicklow. Manda a buscar a su sobrino John al Trinity College, en Dublín; y este último, al llegar, percibe muchas cosas singulares. Los ojos del retrato que está en el armario brillan horriblemente, y en dos ocasiones una figura que se parece extrañamente al retrato aparece de forma fugaz en la puerta. El terror se cierne sobre la casa de los Melmoth, uno de cuyos ancestros, «J. Melmoth, 1646», está representado en el cuadro. El moribundo avaro afirma que ese hombre, en una fecha un poco anterior al año 1800, está vivo. Al final, el avaro muere y al sobrino se le ordena en el testamento que destruya el retrato y el manuscrito que encontrará en cierto cajón. Al leer el manuscrito, que fue escrito a finales del siglo XVII por un inglés llamado Stanton, el joven John se entera de un terrible incidente acaecido en España en 1677, cuando el escritor se encontró con un espantoso compatriota y éste le contó cómo había presenciado la muerte de un cura que había intentado denunciarlo como a un ser poseído por una terrorífica maldad. Más tarde, tras encontrarse de nuevo con el hombre en Londres, Stanton es trasladado a un manicomio, donde lo visita un extraño, cuyo acercamiento se anuncia con música espectral y cuyos ojos tienen un fulgor más que mortal. Melmoth el errabundo, puesto que tal es el siniestro visitante, le ofrece la libertad al cautivo si acepta quedarse con su trato con el Diablo; pero igual que otros a quienes Melmoth se ha acercado, Stanton resiste la tentación. La descripción de Melmoth de los horrores de la vida en un manicomio empleados para tentar a Stanton, es uno de los pasajes más potentes del libro. A la larga, Stanton es liberado, y pasa el resto de su vida siguiendo los pasos de Melmoth, cuya familia y residencia ancestral logra descubrir. Él traspasa el manuscrito a la familia, quien para la época del joven John está tristemente deteriorado. John destruye tanto el retrato como el manuscrito, pero durante la noche recibe la visita de su horrible ancestro, que le deja una marca negra y azul en la muñeca.

Poco después, el joven John recibe la visita de un español náufrago, Alonzo de Monçada, quien ha escapado de una vida monástica a la que fue forzado y de los peligros de la Inquisición. Ha sufrido espantosamente, y las descripciones de sus experiencias bajo tortura y en las criptas a través de las cuales finalmente logra escapar son un clásico, pero tuvo la fortaleza de resistirse a Melmoth el errante cuando éste se acercó a él en sus horas más bajas en la prisión. En la casa de un judío que lo refugiaba tras su huida, descubre un voluminoso manuscrito sobre otras hazañas de Melmoth, incluyendo el cortejo a una doncella procedente de una isla india, Immalee, quien más tarde accede a su herencia en España y es conocida como Donna Isidora; y de su horrible matrimonio con ella a través del cuerpo de un anacoreta muerto en una capilla en ruinas en un remoto y denostado monasterio. La narración que Monçada le hace al joven John ocupa el grueso del cuarto volumen del libro de Maturin; esta desproporción está considerada como uno de los principales defectos de la obra.

Al final, las conversaciones de John y Monçada son interrumpidas por la entrada del propio Melmoth el errabundo, cuyos penetrantes ojos ya se apagan y de quien se apodera rápidamente la decrepitud. El plazo del trato se aproxima a su fin, y él ha regresado a casa tras un siglo y medio para hacer frente a su destino. Previniendo a todos los ocupantes de la habitación de los sonidos que puedan oír por la noche, él espera el fin solo. El joven John y Monçada oyen terroríficos aullidos, pero no entran hasta que llega el silencio cerca del alba. Entonces encuentran la habitación vacía. Unas huellas de barro conducen a la puerta trasera, que se abre a un acantilado que da al mar, y cerca del borde del precipicio hay un rastro que indica que se ha halado a la fuerza un cuerpo pesado. La bufanda del errabundo es encontrada en un peñasco a cierta distancia más abajo del borde, pero no se vuelve a ver u oír nada más sobre él. Tal es la historia, y nadie puede pasar por alto la diferencia entre este armonizado, sugerente y artísticamente compuesto horror y, por usar las palabras del profesor George Saintsbury, «el ingenioso pero bastante aburrido de la señora Radcliffe, y las ingenuas extravagancias demasiado frecuentes, el mal gusto y el estilo en ocasiones descuidado de Lewis». El estilo de Maturin en sí mismo merece un elogio en particular, puesto que su compelida honestidad y vitalidad lo elevan en general por encima de la pomposa artificialidad de la cual pecan sus predecesores. La profesora Edith Birkhead, en su historia de la novela gótica, apunta con precisión: «con todos sus fallos, Maturin fue el más grande a la par que el último gótico». *Melmoth* contó con una amplia difusión y finalmente fue llevado al escenario, pero su tardía aparición en la evolución de la historia gótica lo privó de la turbulenta popularidad de Udolfo y El monje.

CAPÍTULO 4

Las secuelas de la ficción gótica

Entretanto, otros escritores no habían cesado en su actividad, así que más allá de la espantosa abundancia de porquería como *Horrid Mysteries*, del marqués von Grosse (1796), *Children of the Abbey*, de la señora Roche (1796), *Zofloya o el moro*, de la señorita Dacre (1806), y las efusiones juveniles del poeta Shelley Zastrozzi (1810) y St. Irvyne (1811), (ambas imitaciones de Zofloya), aparecieron numerosas obras destacables de temática sobrenatural tanto en lengua inglesa como alemana. Clásica por mérito propio, y manifiestamente diferente de sus contemporáneas a causa de su fundamentación en la historia oriental más que en la novela gótica walpoliana, es la célebre *Vathek*, del adinerado aficionado William Beckford, escrita en francés pero publicada en su traducción inglesa antes de la aparición de la obra en su lengua original. Las historias orientales, introducidas en la literatura europea a principios del siglo XVIII a través de la traducción francesa de Galland de las incansablemente opulentas *Mil y una noches,* se habían convertido en una moda reinante; que se empleaban tanto como alegoría como entretenimiento. El suspicaz humor que sólo la mente oriental sabe cómo combinar con lo sobrenatural había deslumbrado a una sofisticada generación, hasta el punto de que los nombres Bagdad y Damasco se esparcían tan profusamente en la literatura popular como los elegantes nombres italianos y españoles pronto lo harían. Beckford, muy versado en romances orientales, captó la atmósfera con una inusual receptividad, y en su fantástico volumen reflejó con gran fuerza el exaltado lujo, la suspicaz difusión, la insignificante crueldad, la traición urbana y el tenebroso terror espectral del espíritu moro. Su tendencia a lo grotesco raramente echa a perder la fuerza de su temática siniestra, y la historia avanza con una pompa fantasmagórica en la cual la carcajada es la de los esqueletos dándose un festín bajo las cúpulas arabescas. *Vathek* es la historia del nieto de Caliph Haroun, quien, atormentado por su ambición de obtener un poder extraterrenal, placer y conocimiento —las clásicas motivaciones que impulsan al típico villano gótico o héroe byroniano (básicamente tipologías análogas) —, se ve arrastrado por un genio malvado en busca de un trono subterráneo perteneciente a los todopoderosos y prodigiosos sultanes anteriores a Adán en los perversos salones de Eblis, el Diablo mahometano. Las descripciones de los palacios y los entretenimientos de Vathek, de su maquiavélica madre hechicera Carathis y su torre embrujada con las cincuenta negras de un solo ojo, de su peregrinaje a las ruinas encantadas de Istakhr (Persépolis) y de la impía novia Nouronihar, a quien compra ilegalmente por el camino, de las primitivas torres y terrazas de Istakhr bajo la ardiente luz de la luna sobre la tierra baldía, y de las terribles salas ciclópeas de Eblis, donde, atraídas por deslumbrantes promesas, cada víctima se ve obligada a vagar presa de la angustia para siempre, la mano derecha sobre el corazón violentamente incendiado y eternamente en llamas, son triunfos del colorido sobrenatural que eleva el libro a un puesto permanente en las letras inglesas. No menos dignos de mención son los tres Episodios de

Vathek, ideados para ser introducidos en la historia como narraciones de las víctimas que acompañan a Vathek en las salas infernales de Eblis, que permanecieron inéditos a lo largo de la vida del autor y fueron descubiertos hace tan relativamente poco como 1909 por el académico Lewis Melville mientras recababa material para su obra *Life and Letters of William Beckford*. No obstante, Beckford carece del misticismo esencial que caracteriza la forma más intensa de lo sobrenatural, de tal manera que sus historias contienen una cierta dureza y claridad latinas deliberadas que impiden el verdadero golpe de pánico.

Pero Beckford se quedó solo en su devoción por Oriente. Otros escritores, más próximos a la tradición gótica y a la vida europea en general, se contentaron con seguir más fielmente los pasos de Walpole. Entre los incontables productores de literatura de terror de esta época es necesario referirse al teórico de la economía utópica William Godwin, quien compuso a continuación de su famosa obra de temática no sobrenatural *Las aventuras de Caleb Williams* (1974), la intencionadamente sobrenatural *St. Leon* (1799), en la cual el motivo del elixir de la vida, según lo desarrolla la imaginaria orden secreta de los Rosacruces, está manejado con ingenio, si bien no con una atmósfera convincente. Este elemento de rosacrucismo, impulsado por una oleada de interés popular en la magia, que se materializa con la moda del charlatán Cagliostro en la publicación de *El mago*, de Francis Barrett (1801) —un curioso y breve tratado sobre principios y ceremonias ocultistas, del cual se ha hecho una reimpresión tan recientemente como en el año 1896—, aparece en la obra de Bulwer-Lytton y en muchas otras novelas góticas tardías, sobre todo en aquella remota y debilitada posteridad que agonizó a lo largo del siglo XIX, representada por Faust and the Daemon y Wagner, the Wehr-wolf. *Las aventuras de Caleb Williams*, aunque no es sobrenatural, tiene numerosos puntos de legítimo terror. Se trata de la historia de un sirviente perseguido por un amo de quien ha descubierto que es culpable de asesinato, y muestra una invención y destreza que la han mantenido con vida en cierta manera hasta hoy. Fue llevada a escena bajo el título *The Iron Chest*, y en esa versión fue igualmente célebre. Godwin, sin embargo, era un profesor demasiado consciente y un hombre excesivamente prosaico para crear una auténtica obra maestra sobrenatural.

Su hija, la mujer de Shelley, tuvo mucho más éxito, y su inigualable *Frankenstein, o el moderno Prometeo* (1818) es uno de los clásicos del terror de todos los tiempos. Escrito en competencia con su marido, lord Byron y el doctor John William Polidori en un afán de demostrar la supremacía de la creación de terror, *Frankenstein*, de la señora Shelley, fue la única de las narrativas en competición que llegó a un final elaborado; y la crítica ha fracasado a la hora de demostrar que las mejores partes se deben a Shelley más que a ella. La novela, de algún modo salpicada pero apenas estropeada por el didacticismo moral, narra la historia de un ser humano artificial construido a partir de los fragmentos recuperados de un cementerio por Victor Frankenstein, un joven estudiante de medicina suizo. Creado por su autor «in the mad pride of intellectuality», el monstruo posee plena inteligencia, pero una repugnante forma terrorífica. Sufre el rechazo de los hombres, se amarga y, al final, emprende el gradual asesinato de todos aquellos a quien el joven Frankenstein más quiere, amigos y familia. Le exige a Frankenstein que cree una esposa para él, y cuando el estudiante finalmente se niega despavorido a que el mundo sea poblado de tales monstruos, éste se marcha con la espeluznante amenaza: «¡Asistiré a vuestra noche de bodas!». Esa noche la novia es estrangulada, y a partir de ese momento Frankenstein sigue los pasos del monstruo incluso en las tierras desiertas del Ártico. Al final, mientras busca refugio en el barco del hombre que narra la historia, el propio Frankenstein es asesinado por el espantoso objeto de su búsqueda, creación de su orgullo presuntuoso. Algunas de las escenas de *Frankenstein* son inolvidables, como cuando el recién animado monstruo entra en la habitación de su creador, abre las cortinas de su cama y lo observa bajo la luz amarilla con ojos húmedos: «si es que les podía dar ese nombre». La señora Shelley escribió otras novelas, incluyendo la bastante destacable *"El último hombre"* pero nunca repitió el éxito de su primer empeño. Tiene el toque de verdadero terror cósmico, sin importar lo mucho que el movimiento pueda diferir en algunas partes. El doctor Polidori desarrolló su idea para la competición a modo de un largo relato breve, *«El vampiro»*, en el cual nos encontramos un elegante villano de la auténtica clase gótica o byroniana y con algunos pasajes excelentes de crudo horror, incluyendo una terrorífica experiencia nocturna en un remoto bosque griego.

En la misma época, sir Walter Scott se interesó con frecuencia en lo sobrenatural, entretejiéndolo en muchas de sus novelas y poemas, y en ocasiones componiendo fragmentos narrativos independientes como *«La habitación tapizada»* o *«El cuento de Willie el vagabundo»* incluidos en *Redgauntlet*, en el último de los cuales la fuerza de lo espectral y lo diabólico está resaltada por una grotesca simplicidad en el habla y la atmósfera. En 1830, Scott publicó

Cartas sobre demonología y brujería, que todavía constituye uno de nuestros mejores compendios de folclore de brujería europeo. Washington Irving es otra famosa figura que no está alejada de lo sobrenatural, puesto que aunque la mayoría de sus fantasmas son demasiado fantásticos y cómicos para formar parte de la auténtica literatura espectral, se puede percibir una indiscutible inclinación en este sentido en muchas de sus obras. «*El estudiante alemán*», en *Tales of a Traveller* (1824) es una presentación astutamente concisa y efectiva de la vieja leyenda de la novia cadáver, mientras que entretejidas en la trama cómica de «*The Money-Diggers*», en el mismo volumen, hay más de una pista de apariciones de piratas en los ámbitos en los que en su día rondó el capitán Kidd. Thomas Moore también se unió a las filas de los artistas macabros en el poema «*Alcifrón*», que más tarde desarrolló en la novela en prosa *El epicúreo* (1827). A pesar de que se limita a relatar las aventuras de un joven ateniense engañado por las artimañas de unos astutos sacerdotes egipcios, Moore consigue infundir una gran cantidad de genuino terror en su narración de sobresaltos y maravillas subterráneas ocultas bajo los ancestrales templos de Menfis. De Quincey en más de una ocasión se deleita en terrores grotescos y arabescos, aunque lo hace con una falta de rigor y una pomposidad aprendida que le niegan el rango de especialista.

Del mismo modo, esa época vio el ascenso de William Harrison Ainsworth, cuyas novelas románticas abundan en elementos sobrenaturales y macabros. El capitán Marryat, además de escribir relatos breves como «*The Werewolf*», hizo una memorable contribución con *El buque fantasma* (1839), basada en la leyenda del holandés errante, cuyo barco espectral y maldito navega eternamente en las proximidades del cabo de Buena Esperanza. Dickens también aparece co*n ocasionales fragmentos sobrenaturales como* «El guardavías», una historia de advertencias fantasmales que conforma un patrón muy común y que está ataviada de una verosimilitud que la vincula tanto con la inminente escuela psicológica como con la moribunda escuela gótica. En esa época florecía una oleada de interés por la charlatanería espiritual, los médiums, la teosofía hindú y temas afines de una forma muy similar a nuestros días; motivo por el cual el número de historias sobrenaturales con una base «psíquica» o pseudocientífica fue considerable. De un gran número de éstas fue responsable el prolífico y popular lord Edward Bulwer-Lytton; y a pesar de las grandes dosis de retórica grandilocuente y romanticismo hueco de sus obras, su éxito a la hora de construir cierta clase de peculiar encanto es indiscutible.

«The House and the Brain», que hace una alusión indirecta al rosacrucismo y a una malvada e inmortal figura quizá inspirada por el misterioso cortesano de Luis XV, Saint Germain, sobrevive a día de hoy como una de las mejores historias sobre casas encantadas escritas jamás. La novela *Zanoni, o el secreto de los inmortales* (1842) contiene elementos similares presentados de forma más elaborada, e introduce una extensa esfera desconocida del ser que acucia nuestro propio mundo y está guardada por un horrible «espectro del umbral» que persigue a aquellos que tratan de entrar y no lo logran. Aquí nos encontramos ante una hermandad benigna que permanece viva, generación tras generación, hasta que finalmente se ve disminuida a un único miembro, cuyo héroe es un ancestral hechicero caldeo que sobrevive, corrupto, en la flor de la juventud, para morir en la guillotina en la Revolución francesa. A pesar de

abundar en el espíritu convencional del romance, echado a perder por una preponderante red de significados simbólicos y didácticos, y que al final no resulta convincente a causa de la falta de una comprensión atmosférica perfecta de las situaciones que articulan el mundo espectral, Zanoni es realmente una eminente muestra de la novela romántica; y hoy en día es de genuino interés para un lector no demasiado exquisito. Es divertido advertir que, al describir el intento de una iniciación en una hermandad ancestral, el autor no puede eludir usar el típico castillo gótico de linaje walpoliano.

En *Strange Story* (1862), Bulwer-Lytton muestra una notable mejoría en la creación de imágenes y ánimos sobrenaturales. La novela, a pesar de su inmensa extensión, de un argumento de lo más artificioso consolidado por oportunas coincidencias y una atmósfera de pseudociencia próxima al sermón concebida para complacer al lector práctico y decididamente victoriano, es sumamente efectiva como narración; despierta un instantáneo e inagotable interés y provee de numerosas escenas y clímax potentes, si bien algo melodramáticos. De nuevos nos encontramos al misterioso usuario del elixir de la vida en la persona del cruel mago Margrave, cuyas oscuras hazañas se acentúan por su dramática intensidad en contraste con el contexto moderno de una tranquila ciudad inglesa y los remotos asentamientos australianos; de nuevo también nos encontramos ante las tenebrosas advertencias del extenso mundo espectral de lo desconocido en el mismo aire que nos rodea; en esta ocasión manejado con mucha más fuerza y vitalidad que en Zanoni. Uno de los dos pasajes más importantes de encantamiento, en los que el héroe es empujado por un luminoso espíritu maligno a levantarse por la noche mientras duerme, se sirve de una extraña varita egipcia y evoca presencias indescriptibles en el pabellón encantado y con aspecto de panteón del famoso alquimista del Renacimiento, verdaderamente se encuentra entre las mayores escenas de terror de la literatura. Se sugiere sólo lo necesario y se cuenta lo mínimo. Las palabras desconocidas son dictadas en dos ocasiones al sonámbulo, y mientras éste las repite el suelo tiembla, y todos los perros del campo empiezan a aullar a las disformes sombras medio visibles que avanzan furibundas a través de la luz de la luna. Cuando se da una tercera serie de palabras desconocidas, el espíritu del sonámbulo de repente se rebela a la hora de pronunciarlas, como si el alma pudiera reconocer los extremos horrores abisales ocultos para la mente; y, al final, la aparición de un amor de la infancia ausente y ángel benigno rompen el malévolo hechizo. Este fragmento ilustra a la perfección cuánto era capaz lord Lytton de ir más allá de su habitual pomposidad e imaginería romántica en pos de la esencia cristalina del terror artístico que pertenece al dominio de la poesía. Al describir ciertos detalles de los encantamientos, Lytton estaba en deuda con sus divertidamente serios estudios de ocultismo, en el curso de los cuales entró en contacto con el peculiar estudioso francés y cabalista Alphonse-Louis Constant («Eliphas Lévi»), que afirmaba poseer los secretos de la magia ancestral y haber invocado al espectro del antiguo mago griego Apolonio de Tiana, que vivió en la época de Nerón.

La tradición romántica, semigótica y cuasi moral aquí representada se propagó hasta finales del siglo XIX de la mano de autores tales como Joseph Sheridan Lefanu, Thomas Preskett Prest, con su famosa *Varney el vampiro*

(1847), Wilkie Collins, y el difunto sir H. Rider Haggard (cuya obra *Ella* es destacablemente buena), sir A. Conan Doyle, H. G. Wells y Robert Louis Stevenson; el último de los cuales, a pesar de su atroz tendencia a los alegres manierismos, creó clásicos permanentes con *Markheim*, *El ladrón de cadáveres* y *Doctor Jekyll y mister Hyde*. De hecho, podríamos decir que esta escuela aún sobrevive, puesto que claramente pertenecen a la misma nuestras historias de terror contemporáneas que se especializan en los sucesos más que en los detalles atmosféricos, se dirigen más al intelecto que a la imaginación impresionista, cultivan más un resplandeciente glamour que una tensión malévola o la verosimilitud psicológica y toman partido visiblemente a favor de la humanidad y su bienestar. Tiene su fuerza indiscutible, y a causa de su «elemento humano» apela a un público más amplio que la verdadera pesadilla artística. Si bien no es tan potente como la anterior, es porque un producto disuelto nunca puede alcanzar la intensidad de la esencia concentrada.

Relativamente sola, tanto como novela como obra de literatura de terror, destaca la conocida *Cumbres borrascosas*, de Emily Brontë (1847), con sus atormentados paisajes de páramos solitarios azotados por el viento de Yorkshire y las vidas violentas y deformadas. A pesar de que se trata básicamente de la historia de una vida y de las pasiones humanas en la desesperación y el conflicto, su ambientación épicamente cósmica da cabida al terror de la clase más espiritual. Heathcliff, el héroe-villano byroniano modificado, es un extraño y oscuro ser desamparado encontrado en las calles cuando era un niño pequeño y que sólo hablaba en un raro galimatías hasta que lo adoptó la familia que él acabará por llevar a la ruina. En más de una ocasión se sugiere que él es en realidad un espíritu diabólico en lugar de un ser humano, y se ahonda aún más en el plano de lo irreal y en la experiencia del visitante que se encuentra a un quejumbroso niño-fantasma en una alta ventana fustigada por las ramas de un árbol. Entre Heathcliff y Catherine Earnshaw existe un vínculo más profundo y terrible que el amor humano. Tras la muerte de ella, él profana su tumba en dos ocasiones, y le acecha una presencia inmaterial que no puede ser otra cosa que el espíritu de la mujer. El espíritu penetra más y más en su vida, y al final él desarrolla la confianza en que se producirá alguna clase de inminente reunión mística. Dice que siente que un extraño cambio se aproxima, y deja de alimentarse. Por las noches, o bien camina al aire libre o abre la ventana de al lado de su cama. Cuando él muere, la ventana todavía se sacude empujada por la lluvia torrencial, y una extravagante sonrisa ocupa su rostro rígido. Lo entierran en una tumba al lado del montículo que él ha rondado durante dieciocho años, y un pastor de corta edad dice que todavía pasea con Catherine por el cementerio y por los páramos cuando llueve. También sus caras se ven en ocasiones durante las noches lluviosas en las ventanas superiores de Cumbres borrascosas. El terror sobrenatural de la señorita Brontë no es una simple reproducción gótica, sino una tensa expresión de la escalofriante reacción del hombre ante lo desconocido. En este aspecto, *Cumbres borrascosas* se ha convertido en el símbolo de la transición literaria y marca el nacimiento de una nueva y más sólida escuela.

CAPÍTULO 5

La literatura espectral en el continente

En el continente, la literatura de terror funcionó bien. Los celebrados relatos y novelas de Ernst Theodor Wilhelm Hoffmann (1776-1822) son sinónimo de la dulzura del contexto y la madurez de forma, aunque tienden a la frivolidad y la extravagancia y carecen de los exaltados momentos de crudo y apabullante terror que un escritor menos sofisticado habría logrado. En general, transmiten más lo grotesco que lo terrible. La más artística de todas las historias sobrenaturales del continente es el clásico alemán *Undine*, de Friedrich Heinrich Karl, barón de la Motte Fouqué (1811). En esta historia de un espíritu acuático que contrajo matrimonio con un mortal y obtuvo un alma humana hay una delicada finura de elaboración que la hace notable en cualquiera de los aspectos de la literatura, y una sencilla naturalidad que la coloca cerca de los genuinos mitos folclóricos. De hecho, procede de una historia contada por el médico y alquimista del Renacimiento Paracelso en su Tratado sobre los espíritus elementales.

Undine, hija de un poderoso príncipe del agua, fue intercambiada por su padre por la hija de un pescador, para que consiguiera un alma al casarse con un ser humano. Al conocer al joven noble Huldbrand en la granja de su padre adoptivo, que está al lado del mar y en el linde de un bosque encantado, ella no tarda en contraer matrimonio, y lo acompaña a su ancestral castillo de Ringstetten. Sin embargo, Huldbrand finalmente se cansa de las apariciones sobrenaturales de su esposa, y en particular de las del tío de ésta, el malicioso espíritu de las cataratas del bosque Kühleborn; se trata de un cansancio que se ve incrementado por su creciente afección por Bertalda, quien resulta ser la hija del pescador por la que Undine fue cambiada. Al final, en un viaje Danubio abajo, él, provocado por un acto inocente de su devotísima esposa, declama las frenéticas palabras que la devuelven de nuevo a su elemento sobrenatural, desde el cual ella puede, de acuerdo a las leyes de su especie, regresar sólo una vez más: para matarlo, tanto si ella quiere como si no, si él alguna vez revela faltar a su recuerdo. Más adelante, cuando Huldbrand está a punto de casarse con Bertalda, Undine regresa para su triste cometido, y le quita la vida envuelta en lágrimas. Cuando él es enterrado entre sus padres en el cementerio del pueblo, una figura engalanada con un velo de un color blanco como la nieve aparece entre los deudos, pero tras la oración no se la vuelve a ver. En su lugar se ve un pequeño arroyo plateado, que fluye con un rumor cerca de la reciente tumba, rodeándola casi por completo, y desemboca en un lago cercano. Los habitantes del pueblo siguen viéndolo a día de hoy, y dicen que Undine y su Huldbrand están de este modo unidos en la muerte. Muchos pasajes y toques atmosféricos de esta historia revelan a Fouqué como un consumado artista en el campo de lo macabro; en especial, las descripciones del bosque encantado con su gigantesco hombre pálido como la nieve y los numerosos horrores innombrables que acaecen al comienzo de la narración.

No tan conocida como *Undine*, pero destacable por su indiscutible realismo y al excluir los recursos típicos de la novela gótica, es *La bruja del ámbar*, de Wilhelm Meinhold, otra obra del genio fantástico alemán de principios del siglo XIX. Esta historia, que se desarrolla en la época de la guerra de los Treinta Años, pretende ser el manuscrito de un sacerdote encontrado en una vieja iglesia en Coserow, y gira en torno a la hija del escritor, María Schweidler, quien es falsamente acusada de brujería. Ella ha encontrado un depósito de ámbar que mantiene oculto por diversas razones, y la misteriosa riqueza obtenida a partir del mismo consolida la acusación; una acusación incitada por la malicia del noble cazador de lobos Wittich Appelmann, quien ha perseguido en vano a la joven con despreciables propósitos. Las acciones de una verdadera bruja, quien más adelante sufre un horrible fin sobrenatural en prisión, son atribuidas con una sospechosa facilidad a la desventurada María; y tras el típico juicio de brujería con las confesiones sonsacadas bajo tortura, ella está a punto de ser quemada en la hoguera cuando la salva justo a tiempo su enamorado, un joven noble de una población vecina. La gran fuerza de Meinhold es su aire de verosimilitud casual y realista, que intensifica nuestro suspense y sensación de lo no visto al persuadirnos a medias de que una serie de amenazantes eventos de algún modo deben de ser real o estar muy cerca de serlo. En realidad, el realismo es tan riguroso que en una ocasión una revista popular publicó los principales argumentos de La bruja del ámbar como un suceso real del siglo XVII.

En la generación actual, la ficción de terror alemana tiene su representante más destacado en Hanns Heinz Ewers, quien infunde en sus oscuras concepciones un eficiente conocimiento de la psicología moderna. Novelas como *The Sorcerer's Apprentice* y *La mandrágora*, y relatos cortos como *«The Spider»*, contienen cualidades tan considerables que las elevan a un nivel de clásico.

Pero Francia ha estado tan activa en el plano de lo sobrenatural como Alemania. Victor Hugo, en historias como *Hans de Islandia*, y Balzac, en *La piel de zapa*, *Serafita* y *Louis Lambert*, emplean lo sobrenatural en mayor o menor medida; aunque en general sólo como un medio para llegar a algún fin más humano, y sin la intensidad sincera y demoníaca que caracteriza al artista nacido en las sombras. Es en Théophile Gautier donde parece que por primera vez encontramos un auténtico sentido francés del mundo sobrenatural, y aquí aparece un dominio de lo espectral, que a pesar de no ser continuo, es inmediatamente identificable como algo a la vez auténtico y profundo. Relatos cortos como *«Avatar»*, *«La novela de una momia»* y *«Clarimonde»* exhiben fugaces vistazos de las visitas prohibidas que seducen, hipnotizan y en ocasiones aterrorizan; mientras que las visiones egipcias evocadas en *«Una noche de Cleopatra»* son de las más agudas y de la más expresiva potencia. Gautier capturó el alma íntima del Egipto marcado por el peso de la eternidad, con su críptica existencia y su arquitectura ciclópea, y enunció de una vez por todas el eterno horror de sus catacumbas del inframundo, donde hasta el fin de los tiempos millones de cadáveres rígidos y hediondos incrustaran la mirada en la oscuridad con sus ojos translúcidos, esperando extraordinarias e innombrables espectros. Gustave Flaubert continuó con gran pericia la tradición de Gautier en orgías de fantasía poética como *La tentación de san Antonio*, y de no ser por una fuerte tendencia realista podría haber sido un creador de elaboradas historias de terror. Más adelante, vemos cómo la corriente se divide, dando lugar a extraños poetas y soñadores de las escuelas simbolista y decadente cuyos intereses oscuros en realidad se centran más en las anormalidades del pensamiento humano y el instinto que los sutiles y verdaderamente sobrenaturales contadores de historias cuyas emociones derivan directamente de los oscuros pozos de la irrealidad cósmica. De la clase anterior de «artistas en pecado», el ilustre poeta Baudelaire, con una profunda influencia de Poe, es el representante supremo; mientras que el novelista psicológico Joris-Karl Huysmans, un verdadero hijo de la década de los noventa del siglo XVIII, es a la vez el súmmum y el fin. La clase última y estrictamente narrativa es continuada por Prosper Mérimée, cuya «*Venus de Ille*» presenta en una concisa y convincente prosa el clásico tema de la novia estatua que Thomas Moore plasmó en forma de balada en «*El anillo*».

Las historias de terror del poderoso y cínico Guy de Maupassant, escritas bajo la locura que finalmente se apoderó de él, presenta particularidades propias, ya que se trata más de las morbosas expresiones de una mente realista en un estado patológico que de los saludables productos de la imaginación de una visión predispuesta de forma natural hacia la fantasía y sensible a las ilusiones normales de lo no visible. No obstante, son del mayor interés e intensidad: aluden con una asombrosa fuerza la inminencia de horrores innombrables, y la perseverante persecución de un desdichado individuo por escalofriantes y amenazantes representantes de la oscuridad exterior. Al relatar la llegada a Francia de un ser invisible que vive en el agua y la leche, influye en las mentes de otros, y parece ser la vanguardia de una horda de organismos extraterrestres llegados a la Tierra para subyugar y dominar a la humanidad. Esta tensa narración carece de iguales en su particular clasificación; sin embargo, está en deuda con una historia del norteamericano Fitz-James O'Brien por el detallismo a la hora de describir la perceptible presencia del monstruo invisible. Otras potentes creaciones oscuras de De Maupassant son *«¿Quién sabe?», «Aparición», «¿Él?», «Diario de un enfermo», «El lobo», «Sobre el agua»* y los macabros versos titulados *«Lo horrible»*.

Los colaboradores Erckmann-Chatrian perfeccionaron la literatura francesa con muchas fantasías espectrales como *«Hugo el lobo»*, en la cual una maldición hereditaria llega a su fin en el tradicional entorno del castillo gótico. Su poder para recrear una espeluznante atmósfera de media noche era tremenda a pesar de su tendencia hacia las explicaciones naturales y los prodigios científicos; y unos cuantos relatos cortos contienen más terror que *«El ojo invisible»*, donde una malvada y vieja bruja arroja hipnóticos encantamientos nocturnos que provocan a los sucesivos ocupantes de cierta habitación de una posada a colgarse de una viga. *«The Owl's Ear»* y *«The Waters of Death»* están llenos de envolvente oscuridad y misterio; el segundo relato presenta el familiar tema de la araña gigante al que tan a menudo recurren los escritores de ficción más aficionados a lo sobrenatural. Villiers de l'Isle-Adam también siguió la escuela macabra. *«La tortura por la esperanza»*, una historia de un prisionero condenado a la hoguera al que se le concede escapar para que sienta el calvario de volver a ser atrapado, constituye para algunos el relato corto más angustiante de la literatura. No obstante, este tipo de relato es menos una sección de la tradición sobrenatural que un tipo de relato en particular: el llamado conte cruel, en el cual el desgarro de las emociones se logra a través de dramáticos tormentos, frustraciones y macabros terrores físicos. Prácticamente dedicado por entero a esta rama está el escritor contemporáneo Maurice Level, cuyos breves episodios se han prestado tan propiciamente a la adaptación teatral en «thrillers» en el Grand Guignol. De hecho, el genio francés está más dotado de forma natural para este oscuro realismo que para sugerir lo no visible, puesto que este último proceso requiere, para su mejor y más empático desarrollo a gran escala, el inherente misticismo del pensamiento del norte.

Una próspera, aunque hasta hace poco bastante desconocida, rama de la literatura sobrenatural es la de los judíos, que se ha mantenido con vida y alimentado en la oscuridad de la sombría tradición de la temprana magia oriental, la literatura apocalíptica y el cabalismo. La mente semítica, como la celta y la teutona, parece poseer marcadas inclinaciones místicas, y la riqueza de la tradición de terror clandestina que ha sobrevivido en guetos y sinagogas debe de ser mucho más considerable de lo que en general se considera. El propio cabalismo, tan presente durante la Edad Media, es un sistema filosófico que explica el universo en términos de emanaciones de una deidad, e implica la existencia de extraños planos espirituales y seres que viven fuera del mundo visible, de los cuales se pueden obtener oscuros vistazos a través de ciertos conjuros secretos. Su ritual está vinculado con las interpretaciones místicas del Antiguo Testamento, y atribuye un significado esotérico a cada letra del alfabeto hebreo: un hecho que ha conferido a las letras hebreas una especie de glamour espectral y fuerte presencia en la literatura popular de la magia. El folclore judío se ha resguardado mucho del terror y el misterio del pasado, y cuando se estudia más profundamente es capaz de ejercer una influencia considerable en la ficción sobrenatural. El mejor ejemplo de su uso en la literatura hasta el momento son las novelas *El Golem*, de Gustav Meyrink, y la obra de teatro *The Dybbuk*, del escritor judío que firmaba con el pseudónimo «Ansky». El primero, con sus evocadoras sugerencias sombrías de maravillas y horrores fuera de nuestro alcance, está ambientado en Praga, y describe con singular maestría el antiguo gueto de la ciudad con sus espectrales y puntiagudos tejados a dos aguas. El nombre procede de un fabuloso gigante artificial que aparentemente crean y animan los rabinos medievales siguiendo cierta fórmula críptica. *The Dubbyk*, traducida y producida en Norteamérica en 1925, y más recientemente llevada a la ópera, describe con característica fuerza la posesión de un cuerpo por la maligna alma de un difunto. Tanto golems como dybbuks son arquetipos, y hacen las veces de componentes habituales de la más reciente tradición judía.

CAPÍTULO 6

Edgar Allan Poe

En la década de los treinta del siglo XVIII tuvo lugar un alumbramiento literario que influyó directamente no sólo a la historia de la narrativa sobrenatural, sino del relato breve en general, e indirectamente moldeó las tendencias y designios de una gran escuela estética europea. Contamos con la gran suerte como norteamericanos de poder imputarnos ese alumbramiento como propio, ya que llegó de la mano de nuestro más ilustre y desafortunado compatriota Edgar Allan Poe. La fama de Poe ha sido objeto de curiosas oscilaciones, y ahora es una moda entre la «intelectualidad avanzada» minimizar su importancia tanto como artista como influencia; pero sería difícil para cualquier crítico maduro y reflexivo negar el tremendo valor de su obra y la fascinante potencia de su mente en tanto que creador de perspectivas artísticas. Cierto, su clase de perspectiva podría haberse previsto; pero él fue quien primero se dio cuenta de sus posibilidades y le dio una forma suprema y una expresión sistemática. También es cierto, otros escritores posteriores pueden haber creado historias mejores que las suyas, pero de nuevo debemos entender que no fue otro sino él quien les enseñó con el ejemplo y preceptos el arte que ellos, con el camino despejado y en posesión de una guía explícita, quizá fueron capaces de llevar aún más lejos. Más allá de sus limitaciones, Poe hizo lo que nadie más había o podría haber hecho jamás, y a él le debemos la historia de terror contemporánea en su estado final y perfeccionado.

Antes de Poe, la multitud de escritores de terror había trabajado en general a oscuras, sin comprender la base psicológica del atractivo del horror, y frenados por una mayor o menor conformidad para con ciertas convenciones literarias vacías tales como el final feliz, la recompensa de la virtud y, en general, un didacticismo moral hueco, la aceptación de estándares y valores populares, y los esfuerzos del autor para imponer sus propias emociones a la historia y ponerse del lado de los partidarios de la mayoría de las ideas artificiales. Poe, por el contrario, percibió la cualidad clave del verdadero artista; y supo que la función de la ficción creativa no es más que expresar e interpretar sucesos y sensaciones tal como son, sin tener en cuenta hacia dónde se inclinan o qué demuestran: bien o mal, atractivo o repugnante, estimulante o deprimente, con el autor siempre actuando como un despierto y desapegado cronista más que como un profesor, simpatizante o defensor de una opinión. Él vio claramente que todas las fases de la vida y el pensamiento son igualmente válidas como tema para el artista, y al sentirse inclinado por carácter a lo extraño y tenebroso, decidió ser el intérprete de esos poderosos sentimientos y frecuentes sucesos que ocasionan más dolor que placer, más descomposición que crecimiento, más terror que serenidad, y que son esencialmente adversos o indiferentes a los gustos y los sentimientos externos tradicionales de la humanidad, y a la salud, cordura y el bienestar general normal de la especie.

De este modo, los espectros de Poe adquirieron una indiscutible maldad que no poseía ninguno de sus predecesores, y estableció un nuevo estándar de realismo en los anales de la literatura de terror. Además, la intención impersonal y artística estaba apoyada por una actitud científica que no era común anteriormente; por lo cual Poe estudiaba la mente humana más que los usos de la ficción gótica, y trabajaba con un conocimiento analítico de las verdaderas fuentes del terror que duplicaban la fuerza de sus narraciones y lo alejaban de los disparates inherentes que tratan de crear escalofríos sin más. Presentado este modelo, los autores posteriores se vieron consecuentemente obligados a ceñirse a él para poder competir; siendo así que un cambio definitivo comenzó a afectar la corriente principal de la literatura macabra. Poe también puso de moda la destreza consumada, y a pesar de que hoy en día algunas de sus obras pueden parecer ligeramente melodramáticas y poco sofisticadas, podemos comprobar continuamente su influencia en cosas como el mantenimiento de un único estado anímico, la consecución de una única impresión en una historia, y la rigurosa decadencia de incidentes como tales para tener una relación directa con el argumento que se mostrarán de forma destacada en el clímax. Verdaderamente se puede decir que Poe inventó el relato corto en su forma actual. Su elevación de la enfermedad, la perversidad y la descomposición al nivel de temas artísticamente expresables fue del mismo modo infinitamente trascendental. Puesto que fue ávidamente seguido, patrocinado y divulgado por su eminente admirador francés Charles Pierre Baudelaire, se convirtió en el núcleo de los principales movimientos estéticos en Francia y, de ese modo, en cierto sentido, en el padre de los decadentes y los simbolistas.

Poeta y crítico por naturaleza, y talento supremo, lógico y filósofo por gusto y peculiaridades, Poe no era de ningún modo inmune a defectos y afectaciones. Sus pretensiones de profundo y oscuro conocimiento, sus frustrados intentos de artificioso y elaborado pseudohumor, y sus frecuentes mordaces exabruptos de prejuicios críticos deben ser en todos los casos reconocidos y disculpados. Más allá y por encima de ellos, y reduciéndolos a insignificancias, estaba la visión genial del horror que ronda entre nosotros y en nuestro interior, y la lombriz que se retuerce y babea en el horriblemente próximo abismo. Penetrando en cada uno de los putrefactos horrores que hay en la farsa alegremente descrita que llamamos existencia, y en la solemne mascarada llamada pensamiento y sentimiento humano, esa visión tenía el poder de proyectarse en cristalizaciones y transmutaciones oscuramente mágicas; hasta que floreció en la estéril Norteamérica de los treinta y los cuarenta un jardín de bellos hongos venenosos alimentados por la luna del que no pueden presumir ni siquiera las infernales colinas de Saturno. Versos y cuentos por igual contienen los temas principales del terror cósmico: el cuervo cuyo nocivo pico destroza el corazón, los necrófagos que tañen las campanas en pestilentes campanarios, la cripta de Ulalume en la negra noche de octubre, las impresionantes agujas y cúpulas bajo el mar, el «desde un clima extraño y fantasmal que se encuentra, sublime, fuera del espacio, fuera del tiempo»; todas estas cosas y más nos miran lujuriosamente en medio de los maníacos ruidos en la agitada pesadilla de la poesía. Y en la prosa se abren para nosotros las mismas fauces del pozo: fenomenales anormalidades astutamente sugeridas en el horrible presentimiento por palabras de cuya inocencia apenas dudamos hasta que la tensión desgarrada de la voz hueca del hablante nos hace temer sus innombrables contradicciones; motivos demoníacos y presencias durmientes hasta que son nocivamente despertados durante un claustrofóbico instante a una estridente revelación que repercute hasta una súbita locura o explota en memorables y cataclísmicos ecos. Un horrible aquelarre de brujas que se desprenden de sus túnicas desfila brevemente ante nosotros: una visión todavía más monstruosa a causa de la habilidad científica con la que se exhibe y presenta ante nosotros cada pormenor, entablando lo que parece una sencilla relación con los consabidos elementos macabros de la vida material.

Las historias de Poe, naturalmente, son de numerosas clases; algunas de ellas contienen la más pura esencia del horror espiritual en comparación con otras. Los relatos de lógica y raciocinio, predecesoras de las historias de detectives contemporáneos, no se incluyen en absoluto en la literatura sobrenatural; mientras que otras en particular, probablemente con una considerable influencia de Hoffmann, poseen una extravagancia que las enclaustras al límite de lo grotesco. Resta un tercer grupo que aborda la anomalía psicológica y la monomanía de un modo tal que genera terror, pero no recrea lo sobrenatural. No obstante, un sustancial residuo representa la literatura de terror sobrenatural en su forma más aguda, y concede a su autor un lugar permanente e insuperable como deidad y origen de toda la ficción diabólica moderna. ¿Quién podría olvidar el terrible barco hinchado que se balancea en el borde de una abismal ola en *«Manuscrito encontrado en una botella»*, las siniestras alusiones de su impía antigüedad y su monstruoso crecimiento, su siniestra tripulación de invisibles seres de barba gris, y su terrorífico trayecto al sur a toda vela a través del hielo de la noche antártica, succionado por una irresistible corriente endiablada hacia el vórtice de una iluminación sobrenatural que debe concluir en destrucción?

Luego está el indescriptible señor Valdemar, íntegro gracias a la hipnosis siete meses después de su muerte, y la pronunciación de unos desesperados sonidos un momento antes de romper el encantamiento lo convierten «en una masa casi líquida de odiosa y repugnante descomposición». En las *Aventuras de Arthur Gordon Pym*, los viajeros primero llegan a una extraña tierra de sanguinarios salvajes en el Polo Sur, donde nada es blanco y donde los enormes barrancos rocosos tienen la forma de enormes letras egipcias que conforman los terribles arcanos originales de la Tierra; y después, hay un reino aún más misterioso donde todo es blanco, y donde unos gigantes cubiertos con túnicas y unas aves de plumas nivales protegen una críptica catarata de niebla que mana desde inconmensurables alturas celestiales a un tórrido mar lechoso. *«Metzengerstein»* horroriza con sus espantosas insinuaciones de una monstruosa metempsicosis: el perturbado noble que incendia el establo de su ancestral enemigo; el colosal caballo desconocido que aparece en el edificio en llamas después de que el dueño fallece en el interior; el fragmento que desaparece del tapiz donde se mostraba el gigantesco caballo del antepasado de la víctima en las Cruzadas; el salvaje y continuo viaje del trastornado a lomos del caballo gigante, y su miedo y odio hacia el corcel; las profecías insondables que se ciernen oscuramente sobre las casas enfrentadas; y finalmente, el incendio del palacio del loco y la muerte en su interior del propietario, que es arrastrado impotente a las llamas y escalera arriba a horcajadas de la bestia que tan extrañamente ha montado. Después, el humo ascendente de las ruinas toma la forma del caballo gigante. «El hombre de la multitud», que cuenta la historia de un hombre que merodea noche y día para mezclarse con oleadas de gente como si temiera estar solo, tiene un efecto más sereno, pero no implica menos terror cósmico. La mente de Poe nunca se alejaba del terror y la decadencia, y vemos en cada relato, poema y diálogo filosófico una tensa impaciencia por comprender los inexplorados pozos de la noche, por atravesar el velo de la muerte, y por reinar en la fantasía como el señor de los terroríficos misterios del tiempo y el espacio.

Ciertos relatos de Poe poseen una perfección de forma artística casi absoluta que los convierte en auténticos destellos en el territorio del cuento corto. Poe podía, cuando así lo quería, conferir a su prosa un rico influjo poético; usaba ese estilo arcaico y orientalizado en la ornada formulación de sus frases, la repetición casi bíblica y el tema recurrente que con tanto éxito han aplicado escritores posteriores como Oscar Wilde y lord Dunsany; y en los casos que ha hecho esto, obtenemos un efecto de fantasía lírica casi narcótico en esencia: una opiácea procesión de sueño en el lenguaje del sueño, con la materialización de cada color antinatural y grotescas imágenes en una sinfonía de sonidos correspondientes. *«La máscara de la Muerte Roja», «Silencio. Fábula», «Sombra. Parábola»*, son sin duda poemas en todos los sentidos del término aparte de la métrica, y su fuerza se debe tanto a la cadencia acústica como a la imaginería visual. Pero es en dos de las historias menos abiertamente poéticas, *«Ligeia»* y *«La caída de la Casa Usher»*, sobre todo esta última, que uno se halla ante las mismas cimas del arte por el cual Poe ha obtenido su lugar a la cabeza de los miniaturistas de ficción. Sencillas y directas en cuanto a sus argumentos, ambas historias deben su magia suprema al perspicaz desarrollo que se muestra en la selección y colocación de hasta el más ínfimo incidente. «*Ligeia*» cuenta la historia de una primera esposa de misterioso y noble origen, quien tras su muerte regresa mediante una preternatural fuerza de voluntad para tomar posesión del cuerpo de la segunda esposa, llegando a imponer incluso su apariencia física en el cuerpo reanimado de su víctima en el último momento. A pesar de la sospecha de demasía de extensión y descompensación, la narración alcanza su terrorífico clímax con un poder implacable. «*La caída de la Casa Usher*», cuya superioridad en detalle y proporción es muy destacada, sugiere estremecedoramente una oscura forma de vida en las cosas inorgánicas, y muestra una trinidad de entidades irregularmente relacionadas al final de una larga y aislada historia familiar: un hermano, su gemela y su casa increíblemente antigua comparten una única alma y se enfrentan a una disolución común y simultánea.

Estas extravagantes ideas, tan peligrosas en manos no aptas, se convierten, bajo el encantamiento de Poe, en convincentes y vívidas historias de terror que acechan nuestras noches; y todo gracias a que el autor comprendió tan perfectamente la misma mecánica y fisiología del miedo y la extrañeza: los detalles esenciales a enfatizar, las incongruencias precisas y los conceptos a optar como preliminares o hechos relacionados al terror, los incidentes y alusiones exactos para lanzar anticipada e inocentemente como símbolos o prefiguraciones de cada paso importante hacia el espantoso dénouement venidero, los tenues encajes de la fuerza acumulativa y la precisión pura al enlazar las partes que constituyen una perfecta unicidad global y la atronadora efectividad en el momento del clímax, las delicadas nimiedades de los valores escénicos y paisajísticos seleccionadas para establecer y mantener el estado anímico deseado e infundirle vida a la fantasía deseada; principios de esta clase, y docenas de otros más oscuros que son demasiado elusivos para ser descritos o incluso comprendidos del todo por cualquier comentarista corriente. Es posible que haya melodrama y falta de distinción —nos dice un francés que no podía soportar leer a Poe excepto en la traducción urbana y cargada de galicismos de Baudelaire—, pero todas las trazas de tales rasgos están completamente oscurecidas por un potente e innato sentido de lo espectral, lo morboso y lo horrible que mana a borbotones de cada célula de la mentalidad creativa del artista y queda impreso en su macabra obra con la imborrable huella del genio supremo. Las historias sobrenaturales de Poe están vivas de un modo que muy pocas pueden aspirar a estarlo nunca.

Como la mayoría de los creadores de fantasía, Poe destaca en los incidentes y en los efectos narrativos generales más que en la construcción de personajes. Su protagonista típico es normalmente un caballero moreno, atractivo, orgulloso, melancólico, intelectual, notablemente sensitivo, caprichoso, introspectivo, solitario y a veces ligeramente loco, procedente de una familia con abolengo y opulenta situación; normalmente cuenta con un vasto conocimiento de extrañas tradiciones, y tiene una oscura ambición por penetrar en los secretos prohibidos del universo. Aparte de nombre ostentoso, este personaje evidentemente tiene poco que ver con la novela gótica temprana, puesto que queda claro que no es el héroe inexpresivo ni el villano diabólico del romance radcliffiano o ludovicano. No obstante, de forma indirecta posee una especie de vínculo genealógica; ya que sus cualidades siniestras, ambiciosas y antisociales destilan con fuerza el típico héroe byroniano, quien a su vez es sin duda descendiente de los Manfreds, Montonis y Ambrosios góticos. Otras cualidades en particular parecen derivar directamente de la psicología del propio Poe, quien sin lugar a duda poseía mucho de la depresión, capacidad sensitiva, alocadas aspiraciones, soledad y extravagantes rarezas que él atribuye a sus arrogantes y solitarias víctimas del destino.

CAPÍTULO 7

La tradición sobrenatural en Norteamérica

El público para el que escribía Poe, a pesar de que era sumamente incapaz de apreciar su arte, no estaba de ninguna de las maneras acostumbrado a los horrores sobre los que éste presentaba. Norteamérica, aparte de haber heredado el habitual folclore oscuro europeo, tenía una base adicional de asociaciones sobrenaturales a las que recurrir; tanto es así, que las leyendas fantasmagóricas ya habían sido reconocidas como un fructífero tema para la literatura. Charles Brockden Brown había obtenido una fama espectacular con sus romances radcliffianos, y el tratamiento ligero de Washington Irving de los motivos sobrenaturales se había convertido rápidamente en un clásico. Este fondo adicional procedía, tal como ha señalado Paul Elmer More, de los profundos intereses espirituales y teológicos de los primeros colonizadores, además de la extraña y desierta naturaleza del entorno en el que se vieron sumergidos. Los extensos y lúgubres bosques en cuyas penumbras eternas bien podían rondar todos los horrores; las hordas de indios cobrizos cuyos peculiares y saturninos rostros y violentas costumbres sugerían intensamente trazas de origen infernal; la carta blanca concedida que alimentó la influencia de la teocracia puritana a toda suerte de nociones relativas a la relación del hombre con el severo y vengativo Dios de los calvinistas y con el sulfúrico adversario de ese Dios, sobre el cual tanto se bramaba en los púlpitos cada domingo; la malsana introspección desarrollada por la vida en remotas regiones, exenta de las distracciones normales y de los estados anímicos recreativos, perseguidos por los mandatos para la autoexaminación teológica y en sintonía con una antinatural represión emocional, que conformaban en conjunto una mera y cruda lucha por la supervivencia. Todas estas cosas conspiraron para crear un entorno en el que los negros susurros de siniestras ancianas se escuchaban mucho más allá del rincón de la chimenea, y en el cual las historias de brujería e increíbles monstruosidades secretas perduraron mucho después de los espantosos días de la pesadilla de Salem.

Poe representa la más nueva, desencantada y técnicamente más acabada de las escuelas sobrenaturales que emergieron de este propicio medio. Otra escuela —la tradición de los valores morales, la educada contención y la moderada y relajada fantasía salpicada en mayor o menor medida con lo quimérico— estaba representada por otra solitaria, famosa e incomprendida figura de las letras norteamericanas: el tímido y sensitivo Nathaniel Hawthorne, vástago de la antigua Salem y bisnieto de uno de los más sanguinarios jueces de brujería. En Hawthorne no encontramos en absoluto la violencia, la osadía, el estrepitoso colorido, el intenso sentido dramático, la malicia cósmica y el arte impersonal y sin reservas de Poe. En cambio, nos encontramos ante un alma delicada apresada por el puritanismo de la Nueva Inglaterra temprana; ensombrecida y melancólica, y apenada por un universo inmoral que en todas partes trasciende los patrones convencionales ideados por nuestros padres fundadores para representar la divina e inmutable ley. El mal, una fuerza muy real para Hawthorne, aparece en cada individuo como un indefinible y victorioso adversario; y el mundo visible se convierte en su imaginación en un teatro de infinitas tragedias y desgracias, con invisibles influencias existentes a medias cerniéndose sobre él e inmiscuyéndose en el mismo, luchando por la supremacía y moldeando los destinos de los desventurados mortales que forman su inútil e ilusa población. La herencia del folclore sobrenatural norteamericano era suya en el grado más intenso, y él veía una deprimente turba de borrosos espectros detrás de los fenómenos corrientes de la vida; pero estaba lo suficientemente interesado como para no valorar las impresiones, sensaciones y bellezas de la narración sólo en sí mismas. Necesitaba entretejer su fantasía en una trama discretamente melancólica de influjo alegórico o didáctico, en el cual su dócilmente resignado cinismo podía poner de manifiesto, con un inocente elogio moral, la perfidia de la raza humana que él no podía dejar de apreciar y llorar a pesar del profundo conocimiento que tenía de su hipocresía. Por lo tanto, el terror sobrenatural nunca es el tema principal de Hawthorne, a pesar de que el impulso del mismo estaba tan intensamente grabado en su personalidad que no podía evitar sugerirlo con la fuerza del genio cuando recurría al mundo irreal para ilustrar el meditabundo sermón que deseaba impartir.

Los acercamientos de Hawthorne a lo sobrenatural, siempre sutiles, elusivos y contenidos, se pueden detectar a lo largo de toda su obra. El estado anímico que le producían tenía una deliciosa válvula de escape en las revisiones alemanizadas de los mitos clásicos para niños que contenían *Un libro asombroso* y *Cuentos de Tanglewood*, y en otras ocasiones lo ejercitaba proyectando una cierta extrañeza e intangible brujería o malevolencia en sucesos que no estaban destinados a ser verdaderamente sobrenaturales, como en la póstuma novela macabra *Dr. Grimshawe Secret*, que infunde una peculiar clase de aversión a una casa que a día de hoy existe en Salem, y que limita con el ancestral cementerio de Charter Street. En El fauno de mármol, cuyo argumento fue esbozado en una casa de campo italiana que se decía que estaba encantada, un tremendo trasfondo de genuina fantasía y misterio palpita justo un poco más allá de la vista del lector común; y se insinúan efímeros vistazos de sangre fabulosa en venas mortales durante el curso del romance que inevitablemente resultan interesantes a pesar del insistente íncubo de la alegoría moral, la propaganda antipapista y los remilgos puritanos que han provocado que el escritor contemporáneo D. H. Lawrence exprese un deseo de amenazar al autor de una manera altamente indigno. *Septimius Felton*, una novela póstuma cuya idea era haberse concluido e incorporado a la inacabada Dolliver Romance, aborda el elixir de la vida de una manera más o menos apta, mientras que las notas para un relato nunca escrito que se hubiera llamado *«The Ancestral Footstep»* muestran lo que Hawthorne deseaba hacer: un pormenorizado tratado de la vieja superstición inglesa, aquélla sobre un antiguo y maldito linaje cuyos miembros dejaban huellas de sangre al caminar, que casualmente aparece tanto en *Septimius Felton* y *Dr. Grimshawe Secret*.

Muchos de los cuentos más cortos de Hawthorne hacen gala del elemento sobrenatural, ya sea en la atmósfera o en los incidentes, hasta un nivel considerable. *«Edward Randolph's Portrait»*, incluido en *Legends of the Province House*, tiene sus momentos diabólicos. *«The Minister's Black Veil»* (basado en un hecho real) y *«The Ambitious*

Guest» insinúan mucho más de lo que muestran, mientras que *«Ethan Grant»* —un fragmento de una obra más extensa nunca concluida— se eleva a las auténticas alturas del terror cósmico con su esbozo de las asilvestradas colinas del campo y los ardientes y desolados hornos de barro, y su representación del «imperdonable pecador» byroniano, cuya problemática vida acaba con unas terroríficas carcajadas durante la noche mientras busca descanso entre las llamas del horno. Algunas de las notas de Hawthorne hablan de las historias sobrenaturales que habría escrito si hubiera vivido más tiempo. Un argumento esencialmente intenso trataba sobre un misterioso extraño que aparecía de vez en cuando en reuniones públicas, y a quien definitivamente seguía para descubrir que iba y venía de una antiquísima tumba.

Pero la más destacada como unidad artística concluida entre el material sobrenatural de nuestro autor es la famosa y excelentemente forjada novela *La casa de los siete tejados*, en la cual la inclemente prevalencia de una maldición ancestral se desarrolla con un asombroso poder enmarcada en el siniestro trasfondo de una centenaria casa de Salem, una de esas casas con puntiagudos acabados góticos que constituían el estilo de edificación habitual en las ciudades costeras de Nueva Inglaterra, y que desaparecieron en el siglo XVII en pos de la tipología de tejado mansarda o estilo georgiano clásico, ahora conocido como «colonial». De esas antiguas casas góticas de tejado a dos aguas apenas se pueden ver una docena en su estado original a día de hoy en todo Estados Unidos, pero una muy conocida para Hawthorne todavía sigue en pie en Turner Street, Salem, y es señalada con dudosa autoridad como escenario e inspiración del romance. Ese edificio, con sus espectrales puntas, sus chimeneas apiñadas, su destacada segunda planta, sus grotescas ménsulas en las esquinas y sus ventanas de persiana en forma de diamante, es de hecho un objeto bien calculado para evocar lúgubres pensamientos; ya que encarna la oscura época puritana de terrores ocultos y susurros de brujas que precedió a la belleza, racionalidad y amplitud del siglo XVIII. Hawthorne llegó a ver muchas de estas casas en su juventud y conocía las leyendas negras que estaban conectadas a algunas de ellas. También le llegaron muchos rumores sobre una maldición arrojada sobre su propio linaje como resultado de la severidad de su bisabuelo como juez en 1692.

De este medio salió la historia inmortal —la contribución más importante de Nueva Inglaterra a la literatura sobrenatural—, y podemos sentir al instante la autenticidad de la atmósfera que se nos presenta. Un sigiloso terror y enfermedad se ciernen dentro de las paredes oscurecidas por las inclemencias del tiempo, cuajadas de musgo y semiocultas por la sombra de los olmos de la vieja casa tan gráficamente descrita, y captamos la siniestra malignidad del lugar cuando leemos que su constructor —el viejo coronel Pyncheon— le incautó el terreno con particular crueldad al propietario original, Matthew Maule, a quien condenó a la horca acusándolo de brujo durante el año del terror. Maule murió maldiciendo al viejo Pyncheon —«Dios le hará beber sangre»—, y las aguas del pozo de la propiedad se volvieron amargas. El hijo de Maule, carpintero, accedió a construir la grandiosa casa de tejados a dos aguas para el triunfal enemigo de su padre, pero el viejo coronel murió en extrañas circunstancias el día de su inauguración. Se sucedieron generaciones de singulares sucesos, extravagantes murmuraciones sobre los oscuros poderes de los Maule y, a veces, terribles finales para los Pyncheon.

La omnipresente malevolencia de la antigua casa —casi tan vívida como *La Casa Usher* de Poe, aunque de un modo más sutil— impregna el relato como un motivo recurrente en una tragedia operística; y cuando se alcanza la historia principal, nos encontramos ante los Pyncheon contemporáneos en estado de decadencia. La pobre anciana Hepzibah, una excéntrica dama venida a menos; el infantil y desdichado Clifford, recién liberado de un encarcelamiento injusto; el astuto y traidor juez Pyncheon, que es la reencarnación del viejo coronel Pyncheon: todos estos personajes son símbolos tremendos, y todos se corresponden con la vegetación enfermiza y las anémicas aves de corral del jardín. Es casi una lástima darle un final bastante feliz, con la unión de la vital Phoebe, prima y última descendiente de los Pyncheon, y el atractivo joven que resulta ser el último de los Maule. Se supone que este vínculo acaba con la maldición. Hawthorne evita cualquier violencia de palabra o acción, y mantiene sus insinuaciones de terror en un segundo plano; pero los fugaces destellos sirven de sobra para mantener la atmósfera y eximir la obra de la pura aridez alegórica. Incidentes como el encantamiento de Alice Pyncheon a principios del siglo XVIII, y la música espectral de su clavicordio, que precede un deceso en la familia (esto último constituye un cambio de un inmemorial arquetipo de la mitología aria), relaciona la acción directamente con lo sobrenatural; mientras que el velatorio nocturno del viejo juez Pyncheon en el antiguo salón, con el terrorífico tictac de su reloj, es terror puro de la clase más intensa y genuina. En primer lugar, el modo en que la muerte del juez se anuncia por los movimientos y los maullidos de un extraño gato al otro lado de la ventana mucho antes de que lo sospeche el lector o cualquiera de los personajes, es un golpe de ingenio que ni siquiera Poe podría haber superado. Más tarde, el extraño gato observa fijamente esa misma ventana durante la noche y al día siguiente, por... algún motivo. Claramente es el psicopompo de los mitos primitivos, ajustado y adaptado con infinita destreza a su entorno contemporáneo.

Pero Hawthorne no dejó un legado literario para la posteridad bien definido. Su ánimo y su actitud pertenecían a la época que lo rodeaba, y es el espíritu de Poe —quien comprendía con tanta claridad y realidad la base natural del atractivo del terror y los mecanismos adecuados para conseguirlo— el que sobrevive y prospera. Entre los primeros discípulos de Poe se puede señalar a un brillante joven irlandés, Fitz James O'Brien (1828-1862), que adoptó la nacionalidad norteamericana y falleció con honor en la guerra civil. Fue él quien nos dio *«¿Qué es eso?»*, el primer relato corto bien construido sobre un ser invisible pero tangible, y el prototipo de *El horla*, de De Maupassant. También fue él el creador del inimitable relato *«La lente del diamante»*, en el cual un joven microscopista se enamora de una doncella de un mundo imperceptible que él ha descubierto en una gota de agua. La temprana muerte de O'Brien sin duda nos privó de algunas obras maestras de misterio y terror, a pesar de que su genio no era, hablando con propiedad, de la misma cualidad titánica que caracterizaba a Poe y a Hawthorne.

Más cercano a la verdadera grandeza estaba el excéntrico y saturnino periodista Ambrose Bierce, nacido en 1842, quien también combatió en la guerra civil, pero sobrevivió para escribir algunas historias inmortales y desaparecer en 1913, en una inmensa nube de misterio semejante a cualquiera de las que él evocaba en las pesadillas de su imaginación. Bierce era un satírico y panfletista destacado, pero el grueso de su reputación artística se debe a sus truculentos y salvajes relatos; un gran número de ellos tratan sobre la guerra civil y constituyen la expresión más penetrante y realista que se ha dado de ese conflicto en la ficción. Prácticamente todas las historias de Bierce son de terror, y mientras que muchos de sus relatos sólo abordan los horrores físicos y psicológicos comprendidos en la naturaleza, una parte sustancial reconoce la malignidad sobrenatural y conforma un elemento destacado del fondo norteamericano de literatura sobrenatural. El señor Samuel Loveman, un poeta y crítico todavía entre nosotros que había mantenido una relación personal con Bierce, resume de esta manera el genio del gran «creador de sombras» en el prefacio de algunas de sus cartas:

> «En Bierce la evocación del terror se convierte por primera vez no tanto en la prescripción o perversión de Poe y Maupassant, sino en una atmósfera definida y extraordinariamente precisa. Las palabras, tan sencillas que uno podría caer en la tentación de atribuirlas a las limitaciones de un escritor por encargo, adquieren un horror impío, una nueva e insospechada transformación. En Poe uno encuentra un tour de force, en Maupassant un alarmante compromiso del penitente clímax. Para Bierce, simple y honestamente, el diablismo encerraba en su atormentada muerte un legítimo y dependiente medio para alcanzar un fin. No obstante, está presente un compromiso tácito con la naturaleza en cada ejemplo que se pre-

senta. En *«La muerte de Halpin Frayser»*, las flores, el verdor, las ramas y las hojas de los árboles están majestuosamente colocadas como contraste a la malignidad antinatural. No se trata del acostumbrado mundo dorado, sino del mundo asolado del misterio de los recalcitrantes sueños lúgubres y asfixiantes de Bierce. Sin embargo, la inhumanidad no está del todo ausente».

La «inhumanidad» que menciona el señor Loveman encuentra una válvula de escape en una singular rama de comedia satírica y humor necrófilo, y una especie de regocijo en las imágenes de crueldad y tentadoras decepciones. Esta última característica se refleja muy bien en algunos de los subtítulos de las narraciones más oscuras, como por ejemplo: «Uno no siempre come lo que hay sobre la mesa», en la descripción de un cadáver expuesto sobre una mesa para un examen experimental de un coronel, y: «Un hombre, a pesar de estar desnudo, puede estar en andrajos», refiriéndose a un cadáver espeluznantemente mutilado.

La obra de Bierce es, en general, desigual. Muchos de los relatos son evidentemente mecánicos, y están echados a perder por un estilo desenfadado y lleno de lugares comunes derivado de las pautas periodísticas; pero la siniestra malevolencia que los acecha en todos los casos es incomparable, y muchos de ellos destacan como cimas permanentes de la escritura sobrenatural norteamericana. *«La muerte de Halpin Frayser»*, calificada por Frederic Taber Cooper como la narración más diabólicamente aterradora de la literatura de la raza anglosajona, cuenta la historia de un cadáver que se ocultaba por la noche, sin alma, en un bosque escalofriante y terriblemente ensangrentado, y de un hombre asediado por los recuerdos que encontró la muerte en las garras de quien había sido fervorosamente su querida madre. «*La cosa maldita*», frecuentemente incluida en antologías populares, relata el horrible desastre de un ente invisible que se arrastra por las colinas y los campos de trigo noche y *día.* «The Suitable Surroundings» evoca con singular sutileza, y a la vez aparente sencillez, la aguda sensación de terror que reside en la palabra escrita. En el relato, el autor de terror Colston le dice a su amigo Marsh: «Tú eres lo bastante valiente para leerme en un tranvía, pero… en una casa desierta… solo… en el bosque… ¡por la noche! ¡Bah! Tengo un manuscrito en el bolsillo que te mataría». Marsh lee el manuscrito en «el entorno apropiado» y éste lo mata. «El dedo medio del pie derecho» está desmañadamente desarrollado, pero tiene un poderoso clímax. Un hombre llamado Manton ha asesinado horrendamente a sus dos hijos y a su mujer, a quien le faltaba el dedo medio del pie derecho. Diez años más tarde, él regresa verdaderamente trastornado al vecindario; y, cuando lo reconocen sin decírselo, lo retan a un duelo con cuchillos Bowie en la oscuridad, que se celebrará en la que ahora es la casa abandonada donde se cometió el crimen. Cuando llega el momento del duelo le tienden una trampa y se queda sin adversario, encerrado en una habitación oscura como la noche de la planta baja de la que se dice que es la casa encantada, con una capa de polvo de una década. No se blande cuchillo alguno contra él, puesto que sólo pretenden darle un buen susto; pero al día siguiente es encontrado acurrucado en un rincón con la cara transfigurada, muerto a causa del horror de lo que ha visto. La única pista visible para quienes lo encuentran es una con terribles implicaciones: «Sobre el espeso polvo que cubría el suelo había tres rastros paralelos de huellas, que conducían desde la puerta por la que habían entrado, en línea recta a través de la habitación y hasta un metro del cadáver encogido de Manton. Eran sutiles pero especiales impresiones de pies descalzos; las exteriores pertenecían a los niños, y la central, a la mujer. Desde el punto donde acababan no había huellas de regreso: todas apuntaban en una dirección». Y, naturalmente, las huellas de la mujer mostraban la ausencia del dedo medio del pie derecho. «*La casa de los espectros*», narrada en un severo tono cercano y de verosimilitud periodística, transmite terribles insinuaciones de impresionante misterio. En 1858, una familia entera de siete personas desaparece súbita e inexplicablemente de la casa de una plantación al este de Kentucky, dejando todas sus posesiones intactas: muebles, ropa, alimentos, caballos, ganado y esclavos. Cerca de un año más tarde, dos hombres de clase alta se ven obligados por una tormenta a refugiarse en la vivienda abandonada, y al hacerlo se topan con una extraña habitación subterránea iluminada por una inexplicable luz verdosa y que cuenta con una puerta de hierro que no se puede abrir desde dentro. En esta habitación yacen los cuerpos descompuestos de toda la familia desaparecida; y cuando uno de los descubridores se apresura para acercarse a un cadáver que cree reconocer, él otro se siente tan agobiado por una extraña pestilencia que por accidente encierra a su compañero en la cámara y pierde la conciencia. Al recuperar el sentido seis semanas más tarde, el superviviente es incapaz de localizar la habitación secreta, y la casa es incendiada durante la guerra civil. Nunca se vuelve a ver ni a saber nada del descubridor encerrado.

Bierce raras veces explota las posibilidades atmosféricas de sus temas con la misma intensidad que Poe, y gran parte de su obra contiene ciertos toques de inocencia, de prosaica aspereza o de provincianismos de la América temprana que de algún modo contrasta con los esfuerzos de los recientes maestros del terror. No obstante, la autenticidad y el arte de sus oscuras insinuaciones son siempre inconfundibles, de tal modo que su genio no corre el peligro de quedar eclipsado. Tal como se han dispuesto en sus obras completas definitivas, los relatos sobrenaturales de Bierce aparecen principalmente en dos volúmenes: ¿Pueden suceder tales cosas? e In the Midst of Life. El primero, de hecho, está casi íntegramente dedicado a lo sobrenatural.

Gran parte de lo mejor de la literatura de terror norteamericana procede de plumas que no se dedicaban exclusivamente a ese medio. La histórica Elsie Venner, de Oliver Wendell Holmes, sugiere con una admirable contención un elemento ofidio en una joven objeto de preternaturales influencias, y sustenta la atmósfera con delicadas y selectas pinceladas paisajísticas. En *Otra vuelta de tuerca*, Henry James triunfa y se impone sobre su ineludible suntuosidad y minuciosidad lo bastante bueno como para crear un ambiente verdaderamente potente de siniestra amenaza al describir la espeluznante influencia de los dos malvados sirvientes difuntos, Peter Quint y el ama de llaves, Miss Jessel, sobre un niño y una chica que están a su cuidado. James es tal vez demasiado difuso, demasiado afectadamente urbano y demasiado adicto a las sutilezas del habla para percatarse por completo del salvaje y devastador terror de sus situaciones, pero a pesar de todo, hay una extraña y creciente oleada de miedo, que culmina con la muerte del niño, que le confiere a la novelita un puesto permanente en su especial categoría.

F. Marion Crawford escribió numerosos relatos sobrenaturales de diversas calidades, ahora reunidos en un volumen titulado Wandering Ghosts. «Porque la sangre es vida» profundiza poderosamente en un caso de vampirismo sujeto a una maldición lunar cerca de una antigua torre en las rocas de la solitaria costa del sur de Italia. *«The Dead Smile»* trata sobre los horrores familiares en una antigua casa y una cámara ancestral en Irlanda, e introduce la banshee con una fuerza considerable. No obstante, *«The Upper Berth»* es la obra maestra de literatura sobrenatural de Crawford; y es una de las historias de terror más grandiosas de toda la literatura. En este relato de un camarote encantado, cosas como la espectral humedad del agua marina, el extraño ojo de buey abierto y la lucha de pesadilla con el objeto sin nombre están manejados con una destreza incomparable.

Muy auténtica, aunque no exenta de la típica extravagancia amanerada de la década de los noventa del siglo XVIII, es la corriente de terror presente en la obra temprana de Robert W. Chambers, desde entonces conocido por obras de muy dispares calidades. El rey amarillo, una serie de relatos cortos vagamente conectados que tienen como trasfondo un monstruoso y censurado libro cuya lectura provoca temor, locura y espectral tragedia. La obra verdaderamente alcanza notables alturas de terror cósmico a pesar del desigual interés y del digamos trivial y afectado cultivo de la atmósfera a la manera gala que se puso de moda a causa de la obra Trilby de Du Maurier. El más poderoso de los relatos quizá es *«El signo amarillo»*, en el cual se presenta a un silencioso y terrorífico vigilante de cementerio con un rostro como un turgente gusano de tumba. Un muchacho, al describir el enfrentamiento que tuvo con esta criatura, se estremece y marea al contar cierto detalle: «Bien, tan verdad como que hay Dios, señor, lo golpeé y él me agarró de las muñecas, y cuando le retorcí uno de los puños blandos y pulposos, me quedé con uno de sus dedos en la mano». Un artista, quien después de haberlo visto, le cuenta a otro hombre un extraño sueño de un coche fúnebre nocturno, se queda en estado de shock por la voz con la que el vigilante se dirige a él. El tipo emite un sonido amortiguado que llena la cabeza como «el denso humo aceitoso de una cuba donde se cuece grasa o el nocivo hedor de la podredumbre». Lo único que farfulla es esto: «¿Has encontrado el signo amarillo?».

Un extraño talismán de ónix grabado con jeroglíficos, recogido en la calle por el hombre al que le cuenta el sueño, se le entrega durante un breve momento al artista, y tras tropezar de un extraño modo con el infernal y prohibido libro de los horrores, los dos descubren, entre otras cosas espeluznantes, lo que ningún mortal sensato debería saber: que ese talismán es, de hecho, el innombrable signo amarillo legado por el maldito culto de Hastur, de la primitiva Carcosa, de la que habla el volumen y algunos recuerdos de pesadilla que buscan permanecer latentes y ominosos en el fondo de las mentes de todos los hombres. Poco después oyen el traqueteo de un coche fúnebre decorado con plumas negras conducido por el fofo vigilante de rostro de cadáver. Él entra en la casa cubierta por el manto de la noche en busca del signo amarillo, haciendo que todas las cerraduras y barrotes se pudran al tocarlos. Y cuando la gente se apresura a entrar, atraída por un grito que ninguna garganta humana podría emitir, encuentran tres sombras en el suelo: dos muertas y una agonizando. Uno de los muertos está descompuesto hace tiempo. Es el vigilante del cementerio, y el médico exclama: «¡Este hombre debe de haber muerto hace meses!». Merece la pena apuntar que el autor toma la mayoría de los nombres y alusiones de su territorio sobrenatural procedente del recuerdo originario de las historias de Ambrose Bierce. Otras de las obras tempranas del señor Chambers que hacen gala del elemento estrafalario y macabro son *«El hacedor de lunas»* y *«In Search of the Unknown»*. Es inevitable lamentarse porque no cultivara más un género en que podría haberse convertido con facilidad en un reconocido maestro.

Se puede encontrar material de terror de auténtica fuerza en la obra de la realista de Nueva Inglaterra Mary E. Wilkins, cuyo volumen de relatos cortos, *The Wind in the Rosebush*, contiene una serie de logros notables. En *«The Shadows on the Wall»* se nos muestra con una consumada destreza la respuesta de una seria casa de Nueva Inglaterra a una misteriosa tragedia; y la sombra sin origen conocido del hermano envenenado nos predispone para el momento del clímax cuando la sombra del asesino desconocido, que se ha suicidado en una ciudad vecina, de repente aparece a su lado. Charlotte Perkins Gilman, en *«El empapelado amarillo»*, se eleva a la categoría de clásico al perfilar sutilmente la locura que se apodera de una mujer que reside en una habitación horrendamente empapelada donde tiempo atrás confinaron a una loca.

En *«The Dead Valley»*, el eminente arquitecto y medievalista Ralph Adams Cram alcanza un notable grado de potencia de un difuso terror regional a través de sutilezas de atmósfera y descripción.

Todavía más allá en nuestra tradición espectral se encuentra el proporcionado y versátil humorista Irvin S. Cobb, cuya obra tanto temprana como reciente contiene algunos especímenes sobrenaturales de calidad. «*Fishhead*», uno de sus primeros éxitos, es siniestramente efectivo en su retrato de las afinidades antinaturales entre un híbrido idiota y un extraño pez en un aislado lago, que al final venga el asesinato de su pariente bípedo. El trabajo más reciente del señor Cobb introduce el elemento de la ciencia potencial, como sucede en el relato de un recuerdo hereditario donde un hombre contemporáneo de ascendencia negra pronuncia algunas palabras en una lengua de la jungla africana cuando lo atropella un tren, en circunstancias visuales y acústicas que recuerdan a la mutilación de un ancestro negro por un rinoceronte un siglo antes.

Enormemente elevada en calidad artística es la novela *The Dark Chamber* (1927), del difunto Leonard Cline. La historia de un hombre que —con la ambición característica del héroe-villano gótico o byroniano— busca desafiar la naturaleza y recobrar cada momento de su vida pasada a través de una anormal estimulación de la memoria. Para este fin se sirve de interminables notas, objetos mnemotécnicos y cuadros, y por último olores, música y exóticas drogas. Al final, su ambición va más allá de su vida personal y se precipita hacia el negro abismo de la memoria hereditaria, incluso antes de los días previos a los humanos de las ciénagas vaporosas del período carbonífero y a profundidades aún más inimaginables que el tiempo y la materia ancestral. Recurre a música más enloquecedora y toma drogas todavía más extrañas, y finalmente su enorme perro comienza a tenerle un extraño miedo. Una nociva pestilencia animal lo acompaña, y su rostro se vuelve vacío y subhumano. Al final lo encuentran en un matorral, mutilado hasta la muerte. A su lado está el cuerpo despedazado de su perro. Se han matado el uno al otro. La atmósfera de esta novela es malévolamente intensa, y se concentra mucha atención a la siniestra casa y a la familia del personaje principal.

Una creación menos sutil y equilibrada, pero no obstante altamente efectiva, es la novela de Herbert S. Gorman, The Place Called Dagon, que relata la tenebrosa historia del remanso occidental de Massachusetts donde los descendientes de los refugiados de la brujería de Salem todavía mantienen con vida a los morbosos y degenerados terrores de los aquelarres negros.

Sinister House, de Leland Hall, tiene toques atmosféricos magníficos, pero está echada a perder por un mediocre romanticismo.

Muy predominante a su manera son las concepciones sobrenaturales del novelista y autor de relatos cortos Edward Lucas White, la mayoría de cuyos temas nacen de sueños de verdad. «*The Song of the Siren*» tiene una atractiva extrañeza, mientras que obras como «*Lukundoo*» y «*The Snout*» despiertan aprensiones más tenebrosas. El señor White infunde una cualidad muy peculiar a sus historias: una especie de glamour tangencial que tiene un tipo de verosimilitud distintivo y propio.

De los norteamericanos más jóvenes, ninguno acierta en la creación del terror cósmico tan bien como el poeta, artista y escritor californiano Clark Ashton Smith, cuya extravagante escritura, dibujos, cuadros e historias hacen el deleite de unos cuantos adeptos al género. El señor Smith utiliza como trasfondo un universo de remotas y paralizantes junglas terroríficas de flores venenosas e iridiscentes en las lunas de Saturno, templos malignos y grotescos en la Atlántida, Lemuria, olvidados mundos ancestrales y húmedos pantanos de mortales hongos moteados en espectrales países fuera de los confines de la Tierra. Su más extenso y ambicioso poema, «*The Hashish-Eater*», está escrito en verso libre de cinco pies, y ofrece paisajes caóticos e fantásticos de la pesadilla caleidoscópica en los espacios entre las estrellas. En el papel, la diabólica extrañeza y fertilidad creativa del señor Smith probablemente no ha sido superada por ningún otro escritor vivo o muerto. ¿Qué otra persona que ya ha sido testigo de tales visiones de bellas, exuberantes y febrilmente distorsionadas esferas infinitas y múltiples dimensiones ha vivido para contarlo? Sus relatos cortos tratan con gran fuerza sobre otras galaxias, mundos y dimensiones, así como con exóticas regiones y tiempos remotos de la Tierra. Él escribe sobre Hyperborea y su negro dios disforme Tsathoggua; del continente perdido de Zothique y de la extraordinaria tierra apestada de vampiros de Averoigne, en la Francia medieval. Algunas de las mejores obras del señor Smith se pueden encontrar en el folleto titulado *The Double Shadow and Other Fantasies* (1933).

CAPÍTULO 8

La tradición sobrenatural en las islas Británicas

La literatura británica reciente, además de contar con tres o cuatro de los más importantes escritores de fantasía contemporáneos, ha sido gratificantemente fértil en el terreno de lo sobrenatural. Rudyard Kipling a menudo se ha aproximado a la temática y, a pesar de sus omnipresentes manierismos, la ha manejado con incuestionable maestría en historias como: *«El fantasma del coche»*, *«El mejor relato del mundo»*, *«El regreso de Imray»* y *«La marca de la bestia»*; este último particularmente intenso. Las imágenes del cura leproso desnudo que maullaba como una nutria, las motas que aparecieron en el pecho del hombre que el cura había maldecido, el creciente deseo carnívoro de la víctima y del miedo que los caballos comienzan a mostrar hacia él y, finalmente, la casi total transformación de esa víctima en un leopardo, son cosas que ningún lector podrá olvidar jamás. La derrota final de la maligna brujería no resta fuerza a la historia o validez a su misterio.

Lafcadio Hearn, extraño, errante y exótico, se aparta aún más del reino de lo real, y con el supremo arte de un poeta sensitivo, entrelaza fantasías imposibles para un autor típicamente inglés. Sus obras fantásticas, escritas en Norteamérica, contienen algunos de los necrófagos más sorprendentes de la literatura; mientras que su Kwaidan, escrito en Japón, cristaliza con una destreza y delicadeza sin parangón en el folclore sobrenatural y las leyendas su-

surradas de esa nación de rico colorido. Más de la magia de Helm con el lenguaje se puede ver en las traducciones que éste hizo del francés, especialmente de Gautier y Flaubert. La versión de *La tentación de san Antonio* de Flaubert es un clásico de ferviente y extralimitada imaginería moldeada en la magia de armónicas palabras.

Del mismo modo, a Oscar Wilde se le puede conceder un lugar entre los escritores sobrenaturales por algunas de sus exquisitas historias fantásticas, y por su intensa novela *El retrato de Dorian Gray*, en la cual un retrato mágico asume durante años el deber de envejecer y marchitar en lugar del original, quien entretanto se sumerge a todo exceso de vicios y delitos sin la pérdida aparente de la juventud, belleza y frescura. Hay un súbito y potente clímax cuando Dorian Gray, finalmente convertido en asesino, trata de destruir el cuadro cuyas transformaciones atestiguan su degeneración moral. Él lo apuñala con un cuchillo, y se oyen un espantoso grito y un crujido, pero cuando los sirvientes entran, lo encuentran en un ameno estado inmaculado. «Tendido sobre el suelo había un hombre muerto, en traje de etiqueta, con un cuchillo en el corazón. Estaba marchito, lleno de arrugas, y su cara era repugnante. Hasta que no examinaron sus anillos no reconocieron quién era».

Matthew Phipps Shiel, autor de muchas novelas y relatos sobrenaturales, grotescos y atrevidos, en ocasiones alcanza un alto nivel de terrorífica magia. *«Xelucha»* es una pieza perjudicialmente espeluznante, pero lo supera la incuestionable obra maestra del señor Shiel, *«The House of Sounds»*, agraciadamente escrita en los «amarillos noventa» y refundida a principios del siglo XX con más contención artística. La historia *«Ibis»*, en su forma final, merece un lugar entre las más destacadas obras de su clase. Trata sobre el espantoso y amenazador terror que se remonta siglos atrás en una isla subártica alejada de la costa de Noruega, donde entre el soplo de diabólicos vientos y el perenne estruendo del infernal oleaje y las cataratas, un vengativo hombre muerto ha construido una imponente torre de terror. Tiene cierto parecido, aunque es infinitamente distinta, a *«La caída de la Casa Usher»* de Poe. En la novela La nube púrpura, el señor Shiel describe con una tremenda fuerza la maldición que salió del Ártico para acabar con la humanidad, y durante un tiempo parece haber dejado un único superviviente en nuestro planeta. Las sensaciones de este único superviviente mientras toma conciencia de su situación y vagabundea por las ciudades del mundo repletas de cadáveres y llenas de tesoros desperdigados como señor absoluto de las mismas, se presentan con una destreza y un arte que se quedan a escasos pasos de la majestuosidad. Lamentablemente, la segunda parte del libro, con sus convencionales elementos románticos, supone una gran decepción.

Más conocido que Shiel es el ingenioso Bram Stoker, quien creó muchos conceptos decididamente terroríficos en una serie de novelas cuya pobreza técnica disminuye su efecto neto. *La guarida del gusano blanco*, que trata sobre un gigantesco y primitivo ente que merodea en una cámara subterránea en un antiguo castillo, echa totalmente por tierra una idea bien concebida a causa de un desarrollo casi infantil. *La joya de las siete estrellas*, que aborda una extraña resurrección egipcia, está escrita de un modo menos grotesco. Pero la mejor de todas es la famosa *Drácula*, que casi se ha convertido en el boom moderno estándar del temible mito del vampiro. El conde Drácula, un vampiro, reside en un horrible castillo en los Cárpatos, pero finalmente viaja a Inglaterra con el propósito de poblar el país con congéneres vampiros. El modo en que se enfrenta un inglés al centro de terrores de Drácula, y la manera en que la estratagema del demonio difunto es finalmente vencida, son elementos que se unen para formar una historia a la que se ha concedido un lugar permanente en las letras inglesas. *Drácula* inspiró muchas novelas parecidas de terror sobrenatural, entre las cuales las mejores tal vez son: *The Beetle*, de Richard Marsh, *Brood of the Witch-Queen*, de Sax Rohmer (pseudónimo de Arthur Sarsfield Ward) y *The Door of the Unreal*, de Gerald Bliss. Éste último maneja con bastante destreza la conocida superstición del hombre lobo. Más sutil y artística, y contada con singular destreza a través de narraciones yuxtapuestas de diferentes personajes, es la novela *Cold Harbour*, de Francis Brett Young, en la cual se describe una antigua casa de extraña malignidad. El burlón y casi omnipotente demonio Humphrey Furnival guarda parecido con el arquetipo Manfred-Montoni del «villano» gótico temprano, pero queda absuelto de la falta de originalidad a través de numerosas e inteligentes peculiaridades. Sólo la ligera dispersión de la explicación al final, y en cierto modo el uso libre de la adivinación como elemento del argumento, imposibilitan que esta historia se acerque a la perfección absoluta.

En la novela *Witch Wood*, John Buchan describe con una fuerza tremenda la supervivencia del malvado aquelarre de una aislada población de Escocia. La descripción del bosque negro con la piedra maligna y de los terribles pronósticos cósmicos cuando finalmente se extirpa el horror, recompensarán al lector por vadear la muy gradual acción y la profusión de dialecto escocés. Algunos de los relatos del señor Buchan son también extremamente vívidos en sus insinuaciones espectrales: *The Green Wildebeest*, una historia de brujería africana; *The Wind in the Portico*, con el despertar de los difuntos horrores británico-romanos, y *Skule Skerry*, con sus toques de terror subártico, son especialmente destacables.

Clemence Housman, en la breve novela corta *The Werewolf*, alcanza un alto grado de macabra tensión y consigue hasta cierto punto una atmósfera de genuino folclore. En *The Elixir of Life*, Arthur Ransome logra algunos efectos tenebrosos excelentes a pesar de la inocencia general del argumento, mientras que *The Shadowy Thing*, de H. B. Drake, reúne extraños y terribles paisajes. *Lilith*, de George Macdonald, tiene una convincente extravagancia de su propio cuño, la primera y más sencilla de las dos versiones es tal vez la más efectiva.

Merecedor de una mención distinguida como enérgico artesano para quien el invisible mundo místico es siempre una curativa y vital realidad es el poeta Walter de la Mare, cuyo verso encantado y su exquisita prosa evocan por igual consistentes trazas de una peculiar visión que penetra hondamente en las esferas veladas de las dimensiones de la belleza, lo terrible y lo prohibido del ser. En la novela *The Return* vemos el alma de un hombre muerto salir de su tumba de dos siglos de antigüedad y adherirse a la carne de los vivos, de manera tal que incluso la cara de la víctima se convierte en la que tanto tiempo atrás había regresado al polvo. De los relatos cortos, de los cuales existen numerosos volúmenes, muchos son inolvidables por su dominio de las más tétricas ramificaciones del temor y la brujería. Predomina «*La tía de Seaton*», en la cual se despliega un nocivo trasfondo de maligno vampirismo; *«The Tree»*, que narra el espeluznante desarrollo vegetal en el jardín de un artista muerto de hambre; *«Out of the Deep»*, en la cual se nos empuja a imaginar qué objeto respondió las peticiones de un moribundo gandul en una solitaria casa a oscuras cuando éste tiró de la muy temida cuerda de la campana en el ático de su infancia acechada por el terror; *«A Recluse»*, sugiere qué sacó volando de la casa a un visitante fortuito durante la noche; *«Mr. Kempe»*, que nos muestra a un eremita clerical loco en busca del alma humana que vive en una terrorífica región de acantilados al lado del mar, junto a una antigua capilla abandonada; y *«All-Hallows»*, un vistazo a las fuerzas diabólicas que rodean una solitaria iglesia medieval y prodigiosamente restauran la decadente masonería. De la Mare no hace del miedo el único elemento, ni siquiera el dominante, de la mayoría de sus historias, ya que al parecer está más interesado en las sutilezas del personaje involucrado. De vez en cuando se zambulle en una auténtica fantasía del estilo de Barrie. No obstante, él se cuenta entre los pocos para los que la irrealidad es una vívida y latente presencia; así, es capaz de introducir en sus eventuales indagaciones sobre el miedo una fuerza que sólo un singular maestro puede conseguir. Su poema *«The Listeners»* recupera el estremecimiento gótico en la poesía moderna.

El relato corto sobrenatural ha cosechado un gran éxito en los últimos tiempos, y un importante contribuyente ha sido el versátil E. F. Benson, cuyo *«The Man Who Went Too Far»* narra entre susurros la historia de una casa en el linde de un tenebroso bosque, y la huella de la pezuña del dios Pan en el pecho de un hombre muerto. El volumen del señor Benson, Visible and Invisible, contiene numerosas historias de una fuerza extraña; a destacar *«Negotiam Perambulans»*, cuyo desenlace revela un deforme monstruo de un antiguo artesonado eclesiástico que lleva a cabo un milagroso acto de venganza en un solitario pueblo de la costa de Cornualles, y *«The Horror-Horn»*, a través del cual avanza a zancadas un terrible medio humano superviviente que vive en las remotas cimas de los Alpes. *«The Face»*, en otra antología, es letalmente potente, inclemente en su aura de perdición. H. R. Wakefield, en sus antologías *They Return at Evening* y *Others Who Return*, consigue de vez en cuando lograr grandes alturas de terror a pesar del viciado aire de sofisticación. Los relatos más notables son: *«The Red Lodge»*, con su viscoso mal acuoso; *«He Cometh and He Passeth By»*; *«And He Shall Sing»*; *«The Cairn»*; *«Look Up There»*; *«Blind Man's Buff»*, y esa pieza de acechante terror milenario, *«The Seventeenth Hole at Duncaster»*. Se han mencionado anteriormente las obras sobrenaturales de H. G. Wells y Arthur Conan Doyle. El primero, en *«La habitación roja»* alcanza un nivel muy alto, mientras que todos los elementos en *Thirty Strange Stories* tienen poderosas implicaciones fantásticas. Doyle de vez en cuando golpeaba una poderosa nota espectral, como en *«El capitán del Polestar»*, una historia de fantasmas árticos, y *«Lote número 249»*, en el cual el tema de la momia reanimada se trata con una destreza fuera de lo común. Hugh Walpole, de la misma familia que el fundador de la ficción gótica, a veces se ha acercado a lo estrafalario con gran éxito; su relato corto *«Mrs. Lunt»* produce un intenso escalofrío. John Metcalfe, en la colección publicada bajo el título The Smoking Leg, consigue alguna que otra vez una singular cima de potencia: la historia titulada *«The Bad Lands»* contiene proporciones de terror que muestran fuertes expresiones de talento. Más fantástico e inclinado a la amistosa e inocente fantasía de sir J. M. Barrie son los relatos cortos de E. M. Forster, reunidos bajo el título *El ómnibus celestial*. De todos ellos, sólo uno, que trata sobre un fugaz vistazo de Pan y su aura de terror, se puede decir que tenga el verdadero componente del terror cósmico. La señora H. D. Everett, a pesar de adherirse a modelos muy antiguos y convencionales, ocasionalmente consigue singulares alturas de terror espiritual en su colección de relatos cortos *The Death Mask*. L. P. Hartley es conocido por su incisiva y extrema historia de terror «*A Visitor from Down Under*»; las *Uncanny Stories* de May Sinclair contienen más «ocultismo» tradicional que el tratamiento creativo del miedo que caracteriza la maestría en este campo, y tienden a poner más énfasis en las emociones humanas y las indagaciones psicológicas que en los descarnados fenómenos de un universo completamente irreal. Sería indicado señalar en este punto que los creyentes en el ocultismo probablemente son menos efectivos que los materialistas a la hora de perfilar lo espectral y lo fantástico, ya que para ellos el mundo fantasma es una realidad tan común que tienden a hacer referencia al mismo con menos asombro, lejanía e impresionabilidad que aquellos que ven en ese mundo una absoluta y extraordinaria profanación del orden natural.

De una calidad estilística bastante irregular, pero con un vasto poder ocasional a la hora de sugerir los mundos y seres indefinibles que se ocultan tras la superficie ordinaria de la vida, es la obra de William Hope Hodgson, hoy en día mucho menos conocido de lo que merece. A pesar de su tendencia hacia las concepciones del universo convencionalmente sentimentales, y de la relación del hombre con él y con sus congéneres, el señor Hodgson quizá sólo está detrás de Algernon Blackwood en su serio tratamiento de la irrealidad. Pocos pueden igualarlo a la hora de pronosticar la proximidad de fuerzas sin nombre y de monstruosos entes acechantes a través de insinuaciones casuales o detalles banales, o al transmitir los sentimientos de lo espectral y lo anormal en su conexión con regiones o edificios.

En *Los botes de Glen Carrig* (1907) se nos muestra una serie de malignos prodigios y desconocidas tierras malditas a medida que las descubren los supervivientes de un barco naufragado. Es imposible superar la siniestra amenaza de las primeras partes del libro, aunque se sigue una desilusión hacia el final en forma de romance y aventura corrientes. Un intento fallido de reproducir el pseudorromance de la prosa del siglo XVIII eclipsa el efecto global, pero el erudito conocimiento náutico exhibido en todo momento lo indemniza.

La casa del confín del mundo (1908), quizá la mejor de todas las obras del señor Hodgson, narra la historia de una solitaria casa considerada maldita en Irlanda que se convierte en el centro de espeluznantes fuerzas de otro mundo y soporta el asedio de blasfemas anomalías híbridas de un abismo oculto bajo la misma. Los recorridos del espíritu del narrador a través de ilimitados años luz de espacio cósmico y eones de eternidad y su testimonio de la destrucción definitiva del sistema solar constituyen algo casi único en la literatura estándar. Y en todas partes queda evidencia del poder del autor para sugerir los difusos y acechantes horrores del entorno natural. De no ser por unos cuantos lugares comunes de sentimentalismo, este libro sería un clásico de primera categoría.

Los piratas fantasmas (1909), considerada por el señor Hodgson como el cierre de la trilogía conformada por las dos obras anteriormente mencionadas, es una poderosa crónica de un barco condenado y encantado durante su última travesía, y de los terribles demonios marinos (de aspecto cuasi humano y quizá los espíritus de los bucaneros muertos) que lo acorralan y finalmente lo arrastran a un destino desconocido. Con su dominio del conocimiento marítimo y su inteligente selección de insinuaciones e incidentes de horrores latentes en la naturaleza, este libro alcanza en ocasiones envidiables momentos de poder.

El país de la noche (1912) es una extensa historia (538 páginas) sobre el futuro remoto de la tierra billones de billones de años más adelante, tras la muerte del sol. Está narrada de una manera bastante tosca, como si fueran los sueños de un hombre del siglo XVII, y se ve seriamente reducida por la penosa verbosidad, la repetición, el artificial y nauseabundo sentimentalismo romántico y un intento de lenguaje arcaico aún más grotesco y absurdo que el que aparece en *Glen Carrig*.

Pasando por alto todos sus errores, sigue siendo una de las piezas más potentes de la imaginación macabra jamás escritas. La imagen de un planeta muerto, sumido en una oscuridad nocturna, con los restos de la raza humana superviviente concentrados en una extraordinaria y vasta pirámide mental, acechada por monstruos, híbridos y todas las fuerzas desconocidas de la oscuridad, es algo que ningún lector podrá olvidar jamás: formas y entes de una clase totalmente no humana e inconcebible —los merodeadores del mundo negro, abandonado por el hombre e inexplorado que se encuentra fuera de la pirámide— están aludidos y parcialmente descritos con una potencia inefable; mientras que el paisaje nocturno, con sus abismos y laderas y su agónica actividad volcánica, adquiere un terror casi palpable en manos del autor.

A mitad del libro, el personaje protagonista se aventura fuera de la pirámide en una búsqueda a través de reinos tomados por los muertos y no pisados por el hombre durante millones de años. En su lento avance, descrito minuto a minuto, día tras día, por inimaginables leguas de inmemorial negrura, hay una sensación de alienación cósmica, asfixiante misterio y terrorífica expectación que no tienen rival en ningún ámbito de la literatura. El último cuarto del libro se hace penosamente pesado, pero no logra menoscabar el tremendo poder del conjunto. El último volumen del señor Hodgson, Carnacki, el cazafantasmas, consiste en una serie de extensos relatos cortos publicado muchos años antes en revistas. En cuanto a calidad está manifiestamente por debajo del nivel de los otros libros. Aquí nos encontramos con un personaje más o menos convencional del arquetipo del «detective infalible» —la progenie de M. Dupin y Sherlock Holmes y un pariente cercano de John Silence, de Algernon Blackwood— paseándose a través de escenarios y sucesos que se ven gravemente dañados por la atmósfera de «ocultismo» profesional. No obstante, unos cuantos episodios tienen una fuerza innegable y permiten vislumbrar el peculiar talento característico del autor.

Naturalmente, es imposible en un breve esbozo señalar todos los usos contemporáneos del elemento del terror. El ingrediente debe necesariamente formar parte de todas las obras, tanto en prosa como en verso, ya que trata, en general, de la vida; y por lo tanto no nos sorprendemos al encontrarlos en escritores como el poeta Browning, cuyo «*Childe Roland to the Dark Tower Came*» está lleno de aterradora amenaza, o el novelista Joseph Conrad, quien a menudo escribió sobre los tenebrosos secretos del mar, y del diabólico poder de atracción del destino a la hora de influir las vidas de los hombres solitarios y maníacamente decididos. Su rastro tiene infinitas ramificaciones, pero aquí debemos confinarnos a su expresión en un estado relativamente «puro», donde determina y domina la obra de arte que lo contiene.

Separada de algún modo de la corriente principal británica se encuentra la corriente sobrenatural de la literatura irlandesa, que se hizo patente en el renacimiento celta de finales del siglo XIX y principios del siglo XX. El folclore fantasmal y fantástico siempre ha sido muy destacado en Irlanda, y durante más de cien años ha sido registrado por una serie de fiables transcriptores y traductores como William Carleton, T. Crofton Croker, lady Wilde —madre de Oscar Wilde—, Douglas Hyde y W. B. Yeats. Colocado en primer plano por el movimiento modernista, el corpus de mitos ha sido escrupulosamente recogido y estudiado, y sus rasgos más destacados se han reproducido en las obras de recientes figuras como Yeats, J. M. Synge, «*A. E.*», lady Gregory, Padraic Colum, James Stephens y sus colegas.

Aunque en general más fantástico que terrorífico, dicho folclore y sus homólogos conscientemente artísticos contienen mucho que cae de lleno en el dominio del terror cósmico. Las historias de tumbas en iglesias hundidas bajo lagos encantados, crónicas de banshees que anuncian la muerte y siniestros usurpadores, baladas de espectros e «impías criaturas de las Raths»; todo produce un intenso y definitivo escalofrío, y constituye un fuerte y distintivo elemento de la literatura sobrenatural. A pesar de los grotescos rasgos caseros y de la absoluta inocencia, hay una verdadera pesadilla en la clase de narrativa representada por la historia de Teig O'Kane, quien como castigo por su vida salvaje fue arrastrado toda la noche por un espeluznante cadáver que exigía ser enterrado y lo llevaba de cementerio en cementerio mientras los muertos se levantaban repugnantemente de sus tumbas en cada uno de los campo santos y se negaban a acoger al recién llegado en un hoyo. Yeats, sin duda la figura más importante del renacimiento irlandés, si no el más grande de todos los poetas vivos, ha logrado cosas trascendentales tanto en sus obras originales como en la codificación de las antiguas leyendas.

CAPÍTULO 9

Los maestros contemporáneos

Los mejores relatos de terror de hoy en día, nutriéndose de la larga evolución del arquetipo, poseen una naturalidad, verosimilitud, tersura artística y hábil intensidad de atractivo más allá de toda comparación con cualquiera de las obras góticas de un siglo o más atrás. La técnica, el arte, la experiencia y el conocimiento psicológico han avanzado extraordinariamente con el paso de los años, de manera que gran parte de las obras del pasado parecen inocentes y artificiales; redimidas, cuando son susceptibles de redención, sólo por un genio que se sobrepone a importantes limitaciones. El tono de desenfadado y exagerado romance, lleno de hipócritas motivaciones y que infunde a todo suceso concebible un significado ficticio y un glamour negligentemente global, ahora ha quedado confinado a las facetas más ligeras y fantásticas de la escritura sobrenatural. Las historias seriamente sobrenaturales o bien se elaboran de forma realísticamente intensa mediante una dosis de consistencia e intachable fidelidad a la naturaleza, excepto en un único sentido sobrenatural que se permite el autor, o por el contrario reproducen un reino de fantasía absoluta, con una atmósfera sutilmente adaptada a la visualización de un mundo exquisitamente exótico de imaginación más allá del tiempo y el espacio, en el que casi cualquier cosa podría suceder sólo si acaece en verdadera concordancia con ciertas clases de imaginación y fantasía normales para el sensitivo cerebro humano. Ésta, al menos, es la tendencia dominante, aunque, naturalmente, muchos de los grandes escritores contemporáneos ocasionalmente caen en algunas llamativas posturas de inmaduro romanticismo o tienen deslices con la igualmente hueca y absurda jerga de «ocultismo» pseudocientífico, que ahora se encuentra en una de sus periódicas temporadas altas.

De los creadores vivos de terror cósmico elevado a sus cimas más artísticas, pocos pueden aspirar a igualar al versátil Arthur Machen, autor de una docena de historias largas y cortas, en las cuales los elementos de terror ocultos y siniestros miedos consiguen una sustancia y una agudeza realista casi incomparables. El señor Machen, un hombre de letras en general y maestro de un estilo en prosa exquisitamente lírico y expresivo, tal vez ha hecho un esfuerzo más consciente en su picaresca *Chornicles of Clemendy*, sus refrescantes ensayos, sus vívidos volúmenes autobiográficos, sus frescas y animosas traducciones y, sobre todo, su memorable épica de la sensitivamente estética La colina de los sueños, en la cual un joven héroe responde a la magia de ese remoto entorno galés que es el del propio autor y vive una vida de ensueño en la ciudad romana de Isca Silurum, ahora reducida al pueblo atestado de reliquias de Caerleon-on-Usk. Pero la cuestión reside en que su potente material de terror de la década de los noventa del siglo XVIII y principios del siglo XIX es único en su clase, y marca una época distinta en la historia de esta forma literaria.

El señor Machen, con un impresionante legado celta ligado a extraordinarios recuerdos de juventud de las salvajes colinas redondeadas, bosques milenarios y crípticas ruinas romanas de la campiña de Gwent, ha desarrollado una creativa vida de peculiar belleza, intensidad y trasfondo histórico. Ha cautivado el misterio medieval de los tenebrosos bosques y las costumbres ancestrales y es el máximo conocedor de la Edad Media en todos los aspectos; incluyendo la fe católica. También ha cultivado el encantamiento de la vida británico-romana que en su día se apoderó de su región natal; y encuentra una extraña magia en los campos fortificados, las calzadas adoquinadas, los fragmentos de estatuas y cosas similares que hablan de una época en que reinaba el clasicismo y el latín era la lengua del país. Un joven poeta norteamericano, Frank Belknap Long, ha sintetizado a la perfección la rica dote y el hechizo de la expresión de este soñador en el soneto *«On Reading Arthur Machen»*:

> Hay una magnificencia en el bosque otoñal,
> los antiguos caminos de Inglaterra serpentean
> [y ascienden
> más allá de los maravillosos robles, las aulagas
> [y los enmarañados tomillos
> hasta donde el fuerte de un poderoso imperio se erige:
> hay un glamour en el cielo otoñal;
> las nubes teñidas de rojo se retuercen en el resplandor
> de una enorme hoguera, y hay destellos más abajo
> de un ámbar tostado allí donde las brasas se apagan.
> Espero, porque él me mostrará, claro y frío,
> elevadas muy altas en su esplendor, decididas hacia
> [el norte,
> las águilas romanas, y a través de la niebla dorada
> las legiones en marcha en continuo avance:
> espero, puesto que compartiré de nuevo con él
> la ancestral sabiduría y el remoto dolor.

De las historias de terror del señor Machen tal vez la más famosa es «*El gran dios Pan*» (1894), que narra un singular y terrible experimento y sus consecuencias. Una joven, a través de una intervención en el tejido cerebral, es obligada a ver la inmensa y monstruosa deidad de la naturaleza, y como resultado queda incapacitada para morir menos de un año después. Mucho más adelante, una extraña y aciaga niña de aspecto extranjero llamada Helen Vaughan entra al servicio de una familia en una zona rural de Gales, y ronda los bosques de un modo misterioso. Un niño pierde la cabeza a causa de la visión de alguien o algo que vislumbra clandestinamente en su compañía, y una niña fallece en terribles circunstancias de una manera parecida. Este misterio está extrañamente entretejido con las deidades romanas rurales de la zona, tal como fueron esculpidas en antiguos restos. Tras otro lapso de años, una mujer de una singular belleza exótica aparece en sociedad, empuja a su marido al horror y la muerte, induce a un artista a pintar impensables cuadros de aquelarres de brujas, desencadena una epidemia de suicidios entre los hombres con los que tiene relación y finalmente es descubierta frecuentando los más bajos antros de perdición de Londres, donde incluso los más degenerados y despiadados se sorprenden ante sus transgresiones. A través de la ingeniosa comparación de observaciones por parte de aquellos que han tenido noticia de ella en las diferentes etapas de su carrera, se descubre que esta mujer es la que fuera la niña Helen Vaughan, quien a su vez es hija —no de un padre mortal— de la joven objeto del experimento. Ella es la hija del terrible dios Pan, y al final muere entre horribles transmutaciones de forma que incluyen cambios de sexo y un descenso a las más primarias manifestaciones del principio de la vida.

Pero la magia de la historia reside en la narración. Sería imposible empezar a describir el creciente suspense y el terror absoluto que destila cada párrafo sin seguir el riguroso orden en que el señor Machen desvela sus graduales insinuaciones y revelaciones. Es indiscutible que el melodrama está presente, y que las coincidencias se extienden hasta un grado que parece absurdo al analizarlo, pero en el malévolo encanto de la historia en conjunto estas insignificancias quedan olvidadas, y el lector sensible llega al final sólo con un escalofrío agradecido y con tendencia a repetir las palabras de uno de los personajes: «Es demasiado increíble, demasiado monstruoso; cosas como ésas no pueden suceder en este modesto mundo [...] Porque, hombre, si tal situación fuera posible, nuestra Tierra sería una pesadilla».

Menos conocido y menos complejo en argumento que «El gran dios Pan», pero sin duda de más calidad en cuanto a atmósfera y valor artístico general, es la curiosa y vagamente alarmante crónica titulada *«El pueblo blanco»*, cuya parte central se hace pasar por el diario o las notas de una niña pequeña a la que su niñera ha iniciado en la magia prohibida y las tradiciones destructivas del alma del nocivo culto de la brujería, el culto cuyo saber secreto se ha transmitido entre antiguos linajes de campesinos por toda Europa occidental y cuyos miembros a veces salen a hurtadillas por la noche, de uno en uno, para reunirse en los bosques negros y en lugares apartados para las inmundas orgías de los aquelarres. La narración del señor Machen, un éxito de la diestra selectividad y contención, acumula un enorme poder en el fluir del inocente torrente verbal infantil al introducir alusiones a extrañas «ninfas», «Dols», «voola», «ceremonias blancas, verdes y escarlata», «cartas Aklo», «lenguaje chian», «juegos mao» y cosas similares. Los ritos que la niñera aprendió de su abuela bruja le son enseñados a la niña cuando ésta tiene tres años, y sus ingenuos relatos de las peligrosas revelaciones secretas poseen un indefinible terror genuinamente mezclado con el pathos. Los encantamientos malignos bien conocidos entre los antropólogos son narrados con una ingenuidad juvenil, hasta que finalmente llega un viaje una tarde de invierno a las ancestrales colinas galesas, descrito con un hechizo creativo que concede al paisaje un elemento sobrenatural, una extrañeza y una sugerencia de grotesca conciencia añadidos. Los pormenores del viaje se describen con una vivacidad maravillosa, y conforman para el crítico más exigente una obra maestra de la escritura fantástica, con un poder casi ilimitado en la insinuación de una terrible repugnancia y la aberración cósmica. Al final, la niña —que tiene trece años— llega a una cosa críptica y funestamente hermosa en medio del tenebroso e inaccesible bosque. Al final, el horror se apodera de ella de un modo pronosticado de forma no explícita por una anécdota del prólogo, pero la niña se envenena a tiempo. Como la madre de Helen Vaughan en *«El gran dios Pan»*, ella ve a la espeluznante deidad. La niña es encontrada muerta en el oscuro bosque al lado del críptico objeto que ha encontrado; y esa cosa, una radiante estatua blanquecina de origen romano sobre la cual circulaban alarmantes rumores medievales, es pulverizada a temerosos martillazos por los descubridores.

En la novela episódica Los tres impostores, una obra cuyo mérito como conjunto sólo está empañado en cierto modo por la imitación del descomedido estilo de Stevenson, tienen lugar ciertas historias que tal vez representan el punto álgido de la destreza de Machen como creador de terror. Aquí nos encontramos en su forma más artística una de las concepciones sobrenaturales preferidas del autor: la idea de que bajo los montículos y las rocas de las colinas de Gales vive la achaparrada raza primitiva cuyos vestigios dieron lugar a nuestras leyendas populares de hadas, duendes y la «gente pequeña», cuyos actos incluso hoy son responsables de ciertas desapariciones sin explicación, y de las ocasionales sustituciones de extraños y tétricos entes cambiantes por niños normales. Este tema tiene su tratamiento más afinado en el episodio titulado *«La novela del sello negro»*, en el cual un profesor, al detectar una singular identidad entre ciertos caracteres inscritos en las rocas calizas galesas y otras existentes en un prehistórico sello negro procedente de Babilonia, inicia una serie descubrimientos que lo conducen a terribles y desconocidos elementos. Un extravagante pasaje del geógrafo de la Antigüedad Solinus, una sucesión de misteriosas desapariciones en los remotos parajes de Gales, un singular hijo deficiente nacido de una madre campesina tras un susto durante el cual sus facultades íntimas se vieron afectadas; todas estas cosas sugieren al profesor una aterradora conexión y un estado inquietante para cualquier amigo o individuo que respete la raza humana. El profesor contrata al chico deficiente, que farfulla misteriosamente en ocasiones con repulsivos susurros. En una ocasión, tras un asalto al estudio del profesor por la noche, se encuentran una serie de perturbadores olores y rastros de presencias antinaturales, y poco después de dicho suceso el profesor deja un abultado documento y se interna en las colinas con el corazón invadido de una febril expectación y un extraño terror. No regresa nunca, pero, además de una piedra fantástica, encuentran en el campo su reloj, dinero y su alianza atados con una cuerda de tripa en un pergamino en el que figuran las mismas terribles letras que hay en el sello negro babilonio y en la roca de las montañas galesas.

El voluminoso documento explica lo suficiente para sacar a la luz las más espantosas imágenes. El profesor Gregg, a partir de las pistas que presentan las desapariciones galesas, la inscripción de la roca, los relatos de los antiguos geógrafos y el sello negro, determina que una temible raza de oscuros seres primitivos de inconmensurable antigüedad y una amplia profusión todavía viven bajo las colinas de las poco frecuentadas colinas galesas. Otras investigaciones desvelan el mensaje del sello negro y demuestran que el chico deficiente, hijo de algún padre más terrible que la humanidad, es el heredero de monstruosos recuerdos y posibilidades. Esa singular noche en el estudio, el profesor invocó «la espantosa transmutación de las colinas» con la ayuda del sello negro, y despertó en el deficiente híbrido los horrores de su asombrosa paternidad. Él «vio como se inflamaba su cuerpo y se distendía como una vejiga, mientras que su rostro se oscurecía...». Y a continuación se presentaron los efectos definitivos de la invocación, y el profesor Gregg conoció la absoluta desesperación del pánico cósmico en su forma más tétrica. Descubrió los interminables abismos de anormalidad que había abierto y se internó en las colinas preparado y resignado. Afrontaría a la inimaginable «gente pequeña», y su documento concluye con una observación racional: «Si por desgracia no regreso de mi viaje, no hay necesidad de conjurar la imagen del horror de mi destino».

También dentro de Los tres impostores se encuentra *«La novela del polvo blanco»*, que se aproxima a la culminación absoluta del más repulsivo terror. Francis Leicester, un joven estudiante de derecho, mentalmente agotado por la reclusión y el exceso de trabajo, recibe una receta escrita por un viejo farmacéutico que no se preocupa en exceso por el estado de sus medicamentos. La sustancia, como se descubre más tarde, es una peculiar sal que el tiempo y las variaciones de temperatura accidentalmente han convertido en algo muy extraño y terrible; en resumen, nada menos que el vinum sabbati medieval, cuyo consumo en las horripilantes orgías de los aquelarres provocaba sorprendentes transformaciones y, administrado sin precaución, innombrables consecuencias. Con toda inocencia, el joven disuelve el polvo en un vaso de agua tras las comidas regularmente, y al principio parece sustancialmente beneficiado. Poco a poco, no obstante, su mejorado estado de ánimo toma la forma del desenfreno: se ausenta mucho de su casa y parece haber experimentado un repugnante cambio psicológico. Un día, le aparece un extraño punto blanco en la mano derecha, tras lo cual regresa a su reclusión, hasta, diciendo que no puede hacer nada que por último se encierra en su habitación y no permite la entrada a ningún miembro de la familia. El médico se presenta para hacerle un examen, y se retira, paralizado por el horror visto en esa casa. Dos semanas más tarde, la hermana del paciente, al salir a pasear, ve una cosa monstruosa en la ventana de la habitación del enfermo, y los sirvientes informan de que la comida que dejan ante la puerta cerrada permanece intacta. Las llamadas a la puerta sólo provocan el sonido de pasos que se arrastran y una exigencia de que lo dejen en paz en una ronca voz nasal. Al final, una temblorosa sirvienta informa de un espantoso suceso. El techo de la habitación que hay debajo de la de Leicester está manchado de un horrendo fluido negro, y se ha formado un charco de una viscosa abominación sobre la cama de dicha estancia. El doctor Haberden, a quien convencen para regresar a la casa, echa abajo la puerta del joven y golpea una y otra vez la cosa medio viva con una barra de hierro. Es «una oscura y pútrida masa, asolada por la descomposición y una espantosa putrefacción, ni líquida ni sólida, sino fundida y cambiante». Centelleantes puntos como ojos brillan en medio de la misma, y antes de ser eliminada intenta levantar lo que debió de ser un brazo. Poco después, el médico, incapaz de soportar el recuerdo de lo que ha visto, muere en el mar de camino a emprender una nueva vida en Norteamérica. El señor Machen regresa a la demoníaca «gente pequeña» en *«The Red Hand»* y *«La pirámide de fuego»*, y en *«The Terror»*, una historia de la guerra, aborda con misterio muy potente el efecto del repudio contemporáneo del hombre de la espiritualidad de los animales del mundo, de tal modo que nos vemos empujados a preguntarnos por la supremacía del hombre y a unirnos a favor de su exterminio. De la más elevada finura, y pasando del simple terror al verdadero misticismo, es el relato *«The Great Return»*, una historia sobre el Grial, también producto de la época de la guerra. Notablemente conocido como para que sea necesaria su descripción aquí es el relato *«The Bowmen»*, el cual, tomado por una narración verídica, dio pie a la propagación de la extendida leyenda de *«Angels of Mons»*: los fantasmas de los antiguos arqueros ingleses de Crécy y Agincourt, quienes lucharon en 1914 al lado de las apretadas filas de la gloriosa Fuerza Expedicionaria Británica de Inglaterra.

Menos intenso que el señor Machen a la hora de perfeccionar los extremos del miedo puro, pero infinitamente más vinculado a la idea de un mundo irreal que acecha de continuo al nuestro, es el inspirado y prolífico Algernon Blackwood, en cuya voluminosa y desigual obra se puede encontrar parte de la mejor literatura espectral de ésta o cualquier otra época. La calidad del genio del señor Blackwood es irrefutable, puesto que nadie se ha acercado siquiera a la destreza, seriedad y pormenorizada fidelidad con la que él registra las connotaciones de lo sobrenatural en las cosas y experiencias ordinarias, o la perspicacia preternatural con la que construye con un detalle tras otro todas las sensaciones y percepciones que conducen de la realidad a la vida o visión sobrenatural. Sin un dominio destacable del hechizo poético de las palabras, él es el maestro absoluto e incuestionable de la atmósfera sobrenatural, y es capaz de recordar lo que prácticamente constituye una historia a partir de un simple fragmento de una descripción psicológicamente carente de gracia. Por encima de todos los demás, él comprende el modo absoluto en que algunas mentes sensitivas viven para siempre en la frontera del sueño, y cuan relativamente ligera es la distinción entre las imágenes construidas a partir de objetos de verdad y aquéllas creadas por los juegos de la imaginación.

Las obras menores del señor Blackwood se ven reducidas por diversas fallas tales como el didactismo ético, la ocasional fantasía insípida, la monotonía de los elementos sobrenaturales benignos y un uso demasiado libre de la jerga típica del «ocultismo» moderno. Fallos de sus obras más serias son la dispersión y la verbosidad que resultan de esfuerzos demasiado elaborados, sometidos a la limitación de lo que en cierto modo es un estilo periodístico y escueto carente de la magia intrínseca, el color y la vitalidad para visualizar sensaciones precisas y minucias de extraordinaria sugestión. Pero a pesar de todo esto, las obras más importantes del señor Blackwood alcanzan el verdadero nivel de clásico, y evocan como ninguna otra cosa en la literatura un asombroso y convencido sentido de la inminencia de extrañas esferas de entidades espirituales.

El casi interminable abanico de la ficción del señor Blackwood incluye tanto novelas como relatos cortos, estos últimos en ocasiones independientes y a veces dispuestos en colecciones. Sobre todo se ha de mencionar *«Los sauces»*, en la cual un par de fortuitos viajeros perciben y reconocen con horror una serie de presencias sin nombre en una isla del Danubio. Aquí el arte y la contención en la narrativa alcanzan su más avanzado desarrollo, y se produce una impresión de duradera intensidad sin un solo pasaje forzado o una nota falsa. Otra historia asombrosamente potente aunque artísticamente menos acabada es *«El Wendigo»*, donde nos enfrentamos a horribles pruebas de un gigantesco bosque demoníaco en torno al cual los leñadores de North Woods susurran por las noches. El modo en que ciertas huellas dicen ciertas cosas increíbles es un notable prodigio de destreza. En *«Un episodio en una casa de huéspedes»*, encontramos terroríficas presencias invocadas desde el negro espacio por un hechicero, y *«The Listener»* habla del espantoso residuo psíquico que repta por una vieja casa en la que murió un leproso. En el volumen titulado Incredible Adventures aparecen algunas de las mejores historias que el autor ha escrito jamás, en las que conduce la fantasía a salvajes ritos nocturnos en las colinas, a secretos y terribles aspectos que merodean tras impasibles escenas y a inimaginables criptas misteriosas bajo las arenas y pirámides de Egipto; todo con una astucia y delicadeza que resultan convincentes allá donde un tratamiento más ligero o más tosco sólo habrían resultado entretenidos. Algunas de estas narraciones apenas son historias, se trata más de indagaciones en elusivas impresiones de retazos recordados a medias de los sueños. En todas, el argumento es insignificante, y la atmósfera reina sin limitaciones.

John Silence, investigador de lo oculto es un libro de cinco historias interrelacionadas, a través de las cuales un único personaje lleva a cabo su triunfal carrera. Opacadas sólo por algunas trazas de la atmósfera popular y convencional de la historia de detectives —ya que el doctor Silence es uno de esos genios benevolentes que emplean sus asombrosos poderes para ayudar a importantes hombres en dificultades—, estas narraciones contienen algunas de las mejores obras del autor, y producen una ilusión a la vez enfática y duradera. La primera historia, *«Una invasión psíquica»*, cuenta lo acaecido a un autor sensitivo en una casa que en su día fue escenario de tenebrosos sucesos, y cómo se exorcizó a una legión de demonios. *«Antiguas brujerías»*, quizá el mejor relato del libro, ofrece una descripción casi hipnóticamente penetrante de un antiguo pueblo francés donde en una ocasión se celebró un impío aquelarre con todos los habitantes convertidos en gatos. En «La némesis del fuego» se evoca un espeluznante elemento mediante nueva sangre derramada, mientras que *«Culto secreto»* trata sobre una escuela alemana controlada por el satanismo, y donde mucho después permaneció un aura maligna. *«The Camp of the Dog»* es una historia de hombres lobo, pero se ve debilitada por el contenido moralizante y el «ocultismo» profesional.

Quizá demasiado tenues para una clasificación concluyente como historias de terror, pero posiblemente las más verdaderamente artísticas en un sentido absoluto, son las delicadas fantasías «*Jimbo*» o «*El centauro*». El señor Blackwood consigue en estas novelas una cercana y palpitante aproximación a la sustancia íntima de los sueños, y desata un auténtico caos en las fronteras convencionales entre la realidad y la imaginación.

Sin parangón en la magia de la armónica prosa cristalina y suprema en la creación de un bello y lánguido mundo de iridiscentes imágenes exóticas es Edward John Moreton Drax Plunkett, decimoctavo barón de Dunsany, cuyos relatos y breves obras dramáticas constituyen un elemento casi único en nuestra literatura. Creador de una nueva mitología y un sorprendente folclore, lord Dunsany se vuelca en su dedicación a un extraño mundo de belleza fantástica, y se une a la guerra eterna contra la tosquedad y fealdad de la realidad diaria. Su punto de vista es el más genuinamente cósmico de todos los que se han visto en la literatura en cualquier época. Tan sensible como Poe en cuanto a sus valores dramáticos y a la importancia de las palabras y pormenores aislados, y mucho mejor suministrado en términos retóricos gracias a su sencillo estilo lírico basado en la prosa de la Biblia del rey Jacobo. Este autor se aproxima con una tremenda efectividad a prácticamente cada corpus de mito y leyenda englobado en la cultura europea, creando un compuesto o ecléctico ciclo de fantasía en el cual el colorido del Este, las formas helénicas, la tenebrosidad teutónica y la melancolía celta están tan magníficamente mezcladas que cada una mantiene sus cualidades y complementa al resto sin sacrificar la perfecta congruencia y homogeneidad. En la mayoría de los casos, los territorios de Dunsany son fantásticos: «más allá del Este», o «en el borde del mundo». Su sistema de originales nombres de personas y lugares, con raíces tomadas del mundo clásico, Oriente y otras fuentes, es un prodigio de versátil creatividad y discriminación poética, tal como se puede comprobar en ejemplos como: «*Argimenes*», «*Bethmoora*», «*Poltarnees*», «*Camorak*», «*Iluriel*» o «*Sardathrion*».

La belleza más que el terror es la nota esencial de la obra de Dunsany. Le encanta el vívido verde jade de las cúpulas de cobre, y el delicado rubor de la puesta de sol sobre los minaretes de marfil de imposibles ciudades de ensueño. También el humor y la ironía están presentes con asiduidad para infundir un elegante cinismo y modificar lo que de otro modo haría gala de una inocente intensidad. No obstante, como es ineludible en un genio de la triunfal irrealidad, hay ocasionales expresiones de terror cósmico que encajan a la perfección en el marco de la verdadera tradición. A Dunsany le gusta sugerir astuta y hábilmente los elementos monstruosos y las muertes increíbles, del mismo modo que se hace en los cuentos de hadas. En *El libro de las maravillas* leemos sobre Hlo-Hlo, el gigantesco ídolo araña que no siempre se queda en casa; sobre qué temía la esfinge en el bosque; sobre Slith, el ladrón que salta la frontera del mundo tras ver cierta luz y averiguar quién la ha encendido; Gibbelins, que habita en una torre maligna y resguarda un tesoro; sobre los Gnolles, que viven en el bosque y a quienes no está bien robar; sobre la Ciudad de Nunca y los ojos que observan Bajo los Abismos; y sobre cosas emparentadas con la oscuridad. Cuentos de un soñador narra el misterio que condujo a todos los hombres de Bethmoora a internarse en el desierto; describe la enorme puerta de Perdonaris, que fue tallada de una única pieza de marfil; cuenta el viaje de la vieja nave Bill, cuyo capitán lanzó una maldición sobre la tripulación y visitaba islas de horrible aspecto recién surgidas del mar, con bajas cabañas de tejados de paja en las que se veían malévolas ventanas a oscuras.

Muchas de las breves obras dramáticas de Dunsany están llenas de terror espectral. En *The Gods of the Mountain*, siete mendigos encarnan a los siete ídolos verdes en una remota colina, y disfrutan del confort y las alabanzas en una ciudad de adoradores hasta que se enteran de que los verdaderos ídolos han desaparecido de sus acostumbrados tronos. Se les informa de un poco preciso avistamiento al anochecer —«Las piedras no deberían pasear durante el crepúsculo»—, y al final, mientras están plácidamente instalados aguardando la llegada de un grupo de bailarines, se percatan de que las pisadas cada vez más próximas son más fuertes de lo que deberían ser las de unos reputados bailarines. Entonces se precipitan los eventos, y finalmente los presuntuosos blasfemos son convertidos en estatuas de jade por las mismas estatuas andantes cuya santidad han violado. Pero el argumento sin más es el mérito menos destacable de esta obra maravillosamente efectiva. Los incidentes y desarrollos corresponden a los de un genio supremo, de tal manera que el conjunto constituye una de las más importantes contribuciones de nuestros días no sólo al teatro, sino a la literatura en general. Una noche en la taberna cuenta la historia de cuatro ladrones que han sustraído el ojo de esmeralda de Klesh, un monstruoso dios hindú. Se ocultan en su habitación y logran eludir a los tres sacerdotes vengadores que siguen su rastro, pero por la noche Mesh busca a tientas su ojo, y cuando lo ha recuperado y ha partido, convoca a cada uno de los usurpadores a la oscuridad para un castigo sin nombre. En *The Laughter of the Gods* se nos muestra una ciudad condenada en el linde de la jungla y a un fantasmagórico flautista que sólo oyen aquellos que están a punto de morir (compárese con el clavicordio de Alice en La casa de los siete tejados de Hawthorne); mientras que *The Queen's Enemies* ofrece una nueva versión de la anécdota de Heródoto en la cual una vengativa princesa invita a sus enemigos a un banquete en una sala subterránea y permite que el Nilo los ahogue. Pero las meras descripciones no pueden más que transmitir una fracción del penetrante hechizo de Dunsany. Sus ciudades en forma de prisma y los rituales de los que nunca se ha oído hablar están revestidos de una seguridad que sólo la genialidad puede engendrar, y nos impresionamos con una sensación de verdadera participación en sus misterios secretos. Para los que poseen verdadera imaginación él es un talismán, una llave que abre abundantes almacenes de sueños y recuerdos fragmentarios. Por esto podemos concebirlo no sólo como poeta, sino como alguien que también convierte en poeta al lector.

En el polo opuesto del genio de lord Dunsany, y concedido de un poder casi diabólico de convocar el terror mediante suaves pasos en el corazón de la prosaica vida diaria, está el académico Montague Rhodes James, rector de Eton College, destacado anticuario y reconocida autoridad en manuscritos medievales e historia catedralicia. El doctor James, entusiasta de toda la vida a contar historias de fantasmas la víspera de Navidad, se ha convertido mediante lentos avances en un narrador literario sobrenatural de primera línea, y ha desarrollado un estilo y método característicos que bien podrían servir como modelo para un perdurable linaje de discípulos.

El arte del doctor James no es de ninguna de las maneras fruto del azar, y en el prefacio de una de sus antologías ha enunciado tres fundadas reglas para la creación macabra. Él cree que una historia de fantasmas debe tener un trasfondo familiar en una época moderna, para conseguir una aproximación a la órbita de experiencia del lector. Además, los fenómenos espectrales de la misma deben tender a ser malévolos en lugar de beneficiosos, ya que el terror es la emoción que se ha de azuzar en primer lugar. Y por último, se debe evitar cuidadosamente la jerga de «ocultismo» o pseudociencia; de lo contrario, el encanto de la verosimilitud no impuesta se verá ahogado por una poca convincente jactancia.

El doctor James, llevando a la práctica aquello que predica, se aproxima a sus temas de un modo normalmente coloquial y ligero. Crea la ilusión de los sucesos cotidianos e introduce los fenómenos paranormales cauta y gradualmente, aligerándolos en cada ocasión con expresiones de prosaicos y familiares detalles, y en ocasiones perfeccionados con un fragmento o dos de conocimientos de anticuario. Consciente de la estrecha relación entre los elementos sobrenaturales actuales y la tradición, en general ofrece remotos antecedentes históricos para sus incidentes, de tal manera que se consigue la posibilidad de emplear con gran aptitud su profundo conocimiento del pasado y su ágil y convincente dominio de la dicción y el colorido arcaico. Uno de los escenarios preferidos de James para sus relatos es alguna catedral centenaria, que el autor puede describir con la pormenorizada minuciosidad de un especialista en la materia.

A menudo se encuentran escenas perspicazmente cómicas y fragmentos de retratos naturales y caracterizaciones en las narraciones del doctor James, y de mano de su pluma experta sirven para aumentar el efecto general más que para echarlo a perder, como tiende a suceder con creadores de menos talento. Al inventar una nueva clase de fantasma, se ha apartado considerablemente de la tradición gótica convencional, puesto que donde los viejos fantasmas típicos eran pálidos e imponentes, y percibidos principalmente a través del sentido de la vista, el típico fantasma de James es delgado, de reducidas dimensiones y peludo, una perezosa, infernal y nocturna abominación a medio camino entre la bestia y el hombre, que normalmente se palpa antes de verlo. En ocasiones, el espectro está caracterizado de un modo aún más excéntrico: un rollo de franela con ojos de araña, un ente invisible que se moldea en la ropa de cama y presenta un rostro de sábanas arrugadas. Es evidente que el doctor James tiene un sagaz conocimiento científico de los nervios y sentimientos humanos, y sabe cómo distribuir exposición, imaginería y sutiles sugerencias para asegurarse el mejor de los resultados con sus lectores. Es un artista del incidente y el orden más que de la atmósfera, y es más frecuente que alcance el plano emocional a través del intelecto que de forma directa. Naturalmente, este método, con las ocasionales ausencias de un clímax definido, tiene sus ventajas como desventajas, y muchos echarán en falta la tensión atmosférica que escritores como Machen construyen con todo cuidado a través de palabras y escenas. Pero sólo unas pocas historias pueden ser reprochadas de falta de osadía. En general, la lacónica presentación de sucesos fuera de lo corriente en un habilidoso orden es más que suficiente para provocar el efecto deseado de creciente terror.

Los relatos del doctor James están recogidos en cuatro pequeñas antologías tituladas respectivamente: *Historias de fantasmas de un anticuario*, *Más historias de fantasmas de un anticuario*, *Un fantasma inconsistente y otros* y *A Warning to the Curious*. También está la deliciosa fantasía juvenil *The Five Jars*, que contiene presagios espectrales. Entre esta abundancia de material es difícil escoger una historia favorita o especialmente típica, aunque sin duda cada lector tendrá tales preferencias según determine su carácter.

«*El conde Magnus*» es probablemente una de las mejores, ya que conforma una verdadera mina de suspense y sugestión. El señor Wraxall es un viajero inglés de mediados del siglo XIX que se dirige a Suecia para recoger material para un libro. Tras interesarse por una antigua familia de *De La Gardie*, cerca del pueblo de Raback, estudia sus archivos y siente una particular fascinación por el constructor de la existente casa residencial, un tal conde Magnus, de quien se rumorean extrañas y terribles cosas. El conde, que prosperó a principios del siglo XVII, era un estricto señor, famoso por su severidad con los pescadores furtivos y los inquilinos dedicados a actividades delictivas. Sus crueles castigos eran proverbiales, y circulaban tétricos rumores sobre influencias que sobrevivieron incluso a su entierro en el majestuoso mausoleo que construyó cerca de la iglesia, como por ejemplo el caso de dos campesinos que cazaron cerca de sus propiedades una noche un siglo después de su muerte. Se oyeron aterradores alaridos en los bosques, y cerca de la tumba del conde Magnus se pudieron oír unas inhumanas carcajadas y el golpeteo de una enorme puerta. La mañana siguiente el cura encontró a los dos hombres; uno trastornado y el otro muerto, con la carne de la cara arrancada.

El señor Wraxall se entera de todas estas historias y se encuentra más referencias archivadas al Peregrinaje Negro que en una ocasión realizó el conde, un peregrinaje a

Chorazin, Palestina, una de las ciudades condenadas por Nuestro Señor en las Escrituras, y en la cual decían los antiguos sacerdotes que había nacido el Anticristo. Nadie se atrevía a sugerir qué era el Peregrinaje Negro, o qué era el extraño ser o cosa que el conde trajo consigo como acompañante a su regreso. Entretanto, el señor Wraxall arde en deseos de examinar el mausoleo del conde Magnus, y finalmente obtiene el permiso para hacerlo en compañía del diácono. Encuentra numerosos monumentos y tres sarcófagos de cobre, uno de los cuales pertenece al conde. Cerca del borde de este último hay numerosas tallas de escenas, incluyendo la de una peculiar y espeluznante cacería; la cacería de un hombre desquiciado a través de un bosque por una achaparrada figura cubierta de abrigos con un diabólico tentáculo, que recibe órdenes desde un montículo cercano de un hombre de gran estatura ataviado con una capa. El sarcófago cuenta con tres enormes candados de acero, uno de los cuales está abierto en el suelo, lo cual le recuerda al viajero el estruendo metálico que oyó el día anterior al pasar al lado del mausoleo con el vago anhelo de ver al conde Magnus.

Su fascinación fue en aumento, y al tener acceso a la llave, el señor Wraxall hace una segunda visita a solas al mausoleo y encuentra un segundo candado abierto. Al día siguiente, su última jornada en Raback, regresa de nuevo solo para despedirse del conde fallecido tanto tiempo atrás. Una vez más se ve extrañamente impulsado a enunciar un caprichoso deseo por encontrarse con el noble enterrado y se percata para su desasosiego de que sólo queda uno de los candados en el sarcófago. Ante sus ojos, él último candado cae estrepitosamente al suelo, y a continuación oye un sonido similar al chirriar de los goznes. Entonces, la monstruosa tapa parece levantarse muy lentamente, y el señor Wraxall huye presa del pánico sin cerrar la puerta del mausoleo.

En el curso de su regreso a Inglaterra, el viajero se siente peculiarmente incómodo con los otros pasajeros del pequeño barco que emplea en las primeras etapas del viaje. Las figuras con capa lo ponen nervioso, y tiene la sensación de que lo vigilan y lo siguen. De las veintiocho personas que alcanza a contar, sólo veintiséis se presentan a las comidas; y los dos que faltan siempre son un hombre de gran estatura cubierto con una capa y una figura de menor estatura muy abrigada. Al concluir su viaje marítimo en Harwich, el señor Wraxall se asegura de huir en un carruaje cerrado, pero vislumbra dos figuras ataviadas con capas en un cruce de caminos. Al final, se aloja en una pequeña casa en un pueblo y pasa el tiempo redactando apresuradas notas. La segunda mañana es encontrado muerto, y durante la investigación siete jueces se desmayan al ver el cadáver. La casa en la que estuvo nunca más volvió a ser ocupada, y al proceder a su demolición, medio siglo más tarde, se encontró su manuscrito olvidado en un armario.

En *«El tesoro del abad Thomas»*, un anticuario británico resuelve un código en unos vitrales renacentistas, y como resultado descubre una centenaria reserva de oro en un nicho cavado en mitad de un pozo en el patio de una abadía alemana. Pero el astuto dueño del tesoro ha colocado un vigilante, y algo en el interior del pozo cierra los brazos alrededor del cuello del explorador, de tal manera que la búsqueda es abandonada y se llama a un cura. Cada noche que sigue al suceso, el explorador siente una sigilosa presencia y percibe un espantoso hedor a moho al otro lado de la puerta de su habitación del hotel, hasta que finalmente, a la luz del día, el cura cambia la lápida de la cámara del tesoro en el pozo, de donde ha salido algo de la oscuridad para vengar la profanación del oro del abad Thomas. Cuando concluye su trabajo, el clérigo observa una curiosa talla en forma de rana en la antiquísima boca del pozo junto al lema latino: *Depositum custodi*: «Conserva lo que se te ha consignado».

Otros destacables relatos de James son *«Los sitiales de la catedral de Barchester»*, en el cual una grotesca talla cobra vida de un singular modo para vengar el cauteloso y secreto asesinato de un viejo deán a manos de su ambicioso sucesor; «¡Silba y acudiré!», que narra el espanto invocado por un extraño silbato de metal encontrado en las ruinas de una iglesia medieval; y «Un episodio de la historia de una catedral», en el que el desmantelamiento de un púlpito revela una arcaica tumba cuyos demonios propagan el pánico y la pestilencia. El doctor James, a pesar de sus puntos débiles, evoca el miedo y el horror en su forma más impactante, y sin lugar a dudas sobresaldrá como uno de los pocos maestros creativos de este tenebroso reino.

Para aquellos que se entusiasman en la especulación sobre el futuro, el relato de terror sobrenatural les ofrece un interesante panorama. En lucha con una creciente oleada de pesado realismo, cínica frivolidad y sofisticado desengaño, no obstante cuenta con el impulso de una corriente paralela de misticismo, que se ha desarrollado mediante la hastiada reacción a los «ocultistas» y a los fundamentalistas religiosos que se oponen a los descubrimientos materialistas, y a través de la estimulación de la imaginación que otorgan la ampliación de horizontes y las barreras que ha traspasado la ciencia moderna con la química atómica, la astrofísica avanzada, las doctrinas sobre la relatividad y las investigaciones en biología y pensamiento humano. En la actualidad, una serie de fuerzas propicias han hecho acto de presencia y han proporcionado cierta ventaja, ya que sin duda se muestra mucha más aceptación por la escritura sobrenatural que cuando, treinta años atrás, lo mejor de la obra de Arthur Machen cayó en el olvido en la engreída década de los noventa del siglo XIX. Ambrose Bierce, casi desconocido en su propia época, ahora ha alcanzado algo equivalente al reconocimiento general.

Sin embargo, no se pueden buscar transformaciones sorprendentes en ninguna dirección. En cualquier caso, continuará existiendo un equilibrio aproximado de tendencias; y aunque cabe esperar una mayor ampliación y avance de la técnica, no tenemos motivos para pensar que la posición general de lo espectral en la literatura se verá alterada. Se trata de una reducida aunque esencial rama de la expresión humana y, como siempre, atraerá principalmente a un público limitado con una aguda y especial sensibilidad. Sea cual sea la obra maestra del futuro nacida de lo fantasmal o el terror, deberá su aprobación más a un arte supremo que a una simpatía hacia el tema. Y, sin embargo, ¿quién diría que la temática tenebrosa es un obstáculo positivo? Radiante de belleza, la urna de los Ptolomeos estaba labrada en ónice.

POEMAS SELECTOS

ASTROPHOBOS

Deslumbrando en el cielo de medianoche,
Sobre los abismos etéreos y distantes,
Me acechaba, anhelante,
Una tentadora, resplandeciente estrella;
Cada crepúsculo regresaba
Resplandeciendo en el Carro Ártico.
Místicas formas bellas se fundían
En sus honrosos rayos dorados,
Fantasías de dicha descendían
En miríadas de elisíaco placer.
De sus coros de liras se ampliaban
Como cantos de Lidias armonías.
Pensé que el encanto reinaba allí,
Donde el libre y el bendito habitan,
Y cada instante un tesoro trasfería
Cubierto en flores de loto,
Flotando en una nota líquida
Del laúd del viejo Israel.
Allí, me dije, existen
Mundos de felicidad desconocida,
Donde la inocencia es enaltecida
En el trono de la coronada virtud;
Hombres de luz, de pensamientos
Más puros, más diáfanos que los míos.
Entonces sentí pavor ante la visión,
Se volvió roja y delirante;
La esperanza se disolvió en burla,
La belleza en fealdad;

Himnos extraños se arrastraron,
Signos espectrales se combinaron.
Carmesí ardió la estrella de la locura
Que antaño admiré tan bella;
Todo era triste donde hubo felicidad,
Y en mis ojos tembló una verdad;
Infames demonios salvajes desfilaron
A través de mi febril visión.
Ahora conozco la satánica fábula
Que florecía de aquel dorado esplendor;
Ahora evito la tétrica luz
Que antaño amé con ardor;
Pero el horror, estable y mortal,
Acechará mi alma por siempre.

HONGOS DE YUGGOTH

I. EL LIBRO

El lugar era oscuro y polvoriento, un rincón perdido
En un laberinto de viejas callejuelas junto a los muelles,
Que olían a cosas extrañas traídas de ultramar,
Entre curiosos jirones de niebla que el viento del Oeste
[esparcida.
Unos cristales romboidales, velados por el humo y la escarcha,
Dejaban apenas ver los montones de libros, como árboles
[retorcidos
Pudriéndose del suelo al techo. Heleros
De un saber antiguo que se derrumbaba a precio de saldo.
Entré, hechizado, y de un montón cubierto de telarañas
Cogí el volumen más a mano y lo hojeé al azar,
Temblando al leer raras palabras que parecían guardar
Algún secreto, atroz para quien lo descubriera.
Después, buscando algún viejo vendedor taimado,
Sólo encontré el eco de una risa.

II. PERSECUCIÓN

Llevaba el libro apretado bajo el abrigo,
Escondiéndolo como podía en semejante lugar,
Mientras apresuraba el paso por las viejas calles del puerto
Volviendo con recelo la cabeza a cada instante.
Ventanas sombrías y furtivas de inestables casas de ladrillo

Espiaban extrañamente mi paso acelerado,
Y al pensar en lo que cobijaban anhelé fuertemente
Una visión redentora de puro cielo azul.
Nadie me había visto cogerlo. Y sin embargo
Una risa vana continuaba resonando en mi aturdida cabeza,
Dejándome adivinar qué mundos nocturnos de maldad
Acechaban en aquel volumen que había codiciado.
El camino se me hacía extraño, los muros demenciales.
Y a mi espalda, en la distancia, se oían pasos invisibles.

III. LA LLAVE

No sé qué vericuetos en la desolación
De aquellas extrañas callejuelas portuarias me llevaron a casa,
Pero en mi porche temblé, lívido con la prisa
Por entrar y echar el cerrojo a la pesada puerta.
Tenía el libro que indicaba la vía secreta
Para traspasar el vacío y las pantallas suspendidas en el espacio
Que mantienen a raya a los mundos sin dimensiones
Y confinan a los eones perdidos en su propio dominio.
Al fin era mía la llave de aquellas vagas visiones
De agujas contra el sol poniente y bosques crepusculares
Que se ciernen borrosas sobre los abismos, más allá de las
[precisiones
De esta tierra, acechando como Memorias de infinitud.
La llave era mía, pero mientras estaba allí sentado, susurrando,
Vibró la ventana del desván bajo una leve presión.

IV. RECONOCIMIENTO

Había vuelto el día en que de niño
Vi una sola vez aquella hondonada cubierta de viejos robles
Grises por la bruma que sube del suelo y envuelve y ahoga
Las formas malogradas que la locura ha profanado.
Volví a verlo: la hierba tupida y salvaje
Ciñendo un altar cuyos signos tallados invocan
A Aquel Que No Tiene Nombre, hacia quien ascienden
Mil humaredas, eones emanados, desde altas torres impuras.
Vi el cuerpo tumbado sobre aquella piedra húmeda
Y supe que aquellas cosas celebrantes no eran hombres;
Entendí que aquel extraño mundo gris no era el mío,
Si no el de Yuggoth, más allá de los abismos estelares.
¡Y entonces el cuerpo me arrojó un grito de angustia
Y supe demasiado tarde que era yo!

V. VUELTA A CASA

El demonio dijo que me llevaría a casa,
A la tierra lívida y sombría que recordaba vagamente
Como un lugar elevado con escaleras y terrazas
Rodeadas de balaustradas de mármol que peinan los
[vientos del cielo,
Mientras muchas millas más abajo, a la orilla de un mar,
Se extiende un laberinto de torres y torres y cúpulas
[intercaladas,
Una vez más, me dijo, volvería a quedar deslumbrado
Ante aquellas viejas colinas, y oiría el lejano rumor de
[la espuma.
Todo esto prometió, y por las puertas del ocaso

Me remolcó a través de lagos de llamas lamientes
Y tronos de oro rojo de dioses sin nombre
Que gritan de miedo ante un destino fatídico.
Después, un negro abismo con ruido de olas en la noche:
¡Aquí estaba tu casa, se burló, cuando aún veías!

VI. LA LÁMPARA

Encontramos la lámpara dentro de aquellos acantilados
[huecos
Cuyos signos cincelados ningún sacerdote de Tebas
[podría interpretar,
Y los espantosos jeroglíficos de aquellas cavernas
Eran un aviso para toda criatura viva de origen terrenal.
Nada más había allí: sólo aquella lámpara de latón
Con restos de un aceite extraño en su interior,
Acicalada con volutas de oscuro diseño
Y símbolos que insinuaban vagamente pecados desconocidos.
Los temores de cuarenta siglos no significaron nada
Para nosotros cuando nos llevamos nuestro exiguo botín,
Y cuando luego lo examinamos en nuestra tienda oscura
Encendimos una cerilla para probar el aceite antiguo.
Ardió, ¡Dios Santo!… Pero las formas gigantescas
Que vislumbramos en aquella furiosa llamarada
Abrasaron para siempre nuestras vidas con temor reverencial.

VII. LA COLINA DE ZAMÁN

La gran colina se levantaba junto al viejo pueblo,
Una mole contra el final de la calle mayor;

Verde, alta y boscosa, dominaba sombríamente
El campanario del recodo de la carretera.
Doscientos años antes corrían rumores
Sobre lo que acontecía en aquella ladera esquivada por el
[hombre.
Historias de ciervos o pájaros extrañamente mutilados
O de niños perdidos cuyos padres habían abandonado
[toda esperanza.
Un día el cartero no encontró el pueblo donde frecuentaba
Y nadie volvió a ver sus habitantes ni sus casas;
La gente venía de Aylesbury y se quedaba mirando.
Pero todos decían al cartero que a buen seguro
Estaba loco por contar que había alcanzado a ver
Los ojos glotones de la gran colina y sus fauces abiertas
[de par en par.

VIII. EL PUERTO

A diez millas de Arkham había encontrado el sendero
Que bordea el acantilado sobre Boynton Beach,
Y esperaba alcanzar a la hora del crepúsculo
La cumbre que domina Innsmouth en el valle.
Hacia alta mar se alejaba una vela
Blanca como los duros años de vientos antiguos podían
[blanquear,
Pero que me pareció un presagio adverso e inenarrable;
Por eso no sacudí la mano ni le grité adiós.
¡Veleros zarpando de Innsmouth! Ecos de famas antiguas,
De épocas muertas hace tiempo; pero ahora se aproxima
Una noche demasiado rápida, y he llegado a la cumbre
Desde la que tantas veces avizoré la ciudad lejana.

Agujas y tejados continúan allí, pero ¡mirad!
¡Las tinieblas se abaten sobre las lóbregas callejuelas,
más oscuras que la tumba!

IX. EL PATIO

Era la ciudad que había conocido antaño,
La antigua ciudad leprosa donde multitudes mestizas
Cantan en honor de extraños dioses y golpean gongos impíos
En criptas bajo infectas callejuelas cercanas a la orilla.
Las casas corroídas con ojos de pescado me miraban de reojo
Inclinándose a mí paso, ebrias y medio alentadas,
Mientras esquivaba inmundicias hasta franquear la puerta
Del patio negro donde debía estar el hombre.
Las oscuras paredes se cerraron sobre mí, y empecé a imprecar
A gritos por haber entrado en aquel antro,
Cuando veinte ventanas de repente reventaron
En una luz salvaje y se llenaron de hombres que bailaban:
¡Locas piruetas mudas de la muerte les arrastraban,
Pues ningún cadáver tenía manos ni cabeza!

X. LAS PALOMAS MENSAJERAS

Me llevaron a los barrios bajos, donde un mal viscoso
Pandeaba las descarnadas paredes de ladrillo,
Y una hedionda multitud de caras torcidas
Mandaba mensajes por guiños a extraños dioses y diablos.
Un millón de fuegos ardían en las calles,
Y unos seres furtivos despachaban desde las azoteas
Pájaros manchados de barro hacia el cielo abierto,

Mientras tambores ocultos batían con un ritmo moderado.
Sabía que aquellos fuegos anunciaban cosas monstruosas,
Y que aquellas aves del espacio habían estado en el Exterior.
Adivinaba hacia qué criptas de oscuros planetas habían volado,
Y lo que traían de Thog bajo las alas.
Los otros reían hasta que se quedaron súbitamente mudos
Al vislumbrar lo que llevaba uno de los pájaros en su pico
[maldito.

XI. EL POZO

El granjero Seth Atwood tenía más de ochenta años
Cuando intentó ahondar aquel profundo pozo junto a su
[puerta
Con la sola ayuda de Eb para excavar y perforar.
Al principio nos reímos, y esperamos que pronto
[recuperara el juicio,
Pero en vez de ello también el joven Eb se volvió loco
Hasta tal punto que se lo llevaron al manicomio del condado.
Entonces Seth tapó con ladrillos la boca del pozo.
Y luego se cortó una arteria de su nudoso brazo izquierdo.
Después del entierro algo nos hizo encauzarnos
Hacia aquel pozo y remover los ladrillos,
Pero sólo vimos una hilera de asideros de hierro
Que se perdía en un negro agujero de hondura considerable.
Así que volvimos a poner los ladrillos en su sitio, pues el
[agujero
Nos había parecido demasiado profundo
Para que ninguna plomada pudiera sondearlo.

XII. EL AULLADOR

Me dijeron que no fuese por el sendero de Brigg's Hill,
Que había sido antaño la carretera de Zoar,
Pues Goody Watkins, ahorcado en mil setecientos cuatro,
Había dejado allí algún vástago monstruoso.
Pero cuando transgredí, y tuve ante mí
La quinta cubierta de hiedra junto a la gran ladera rocosa,
No pensé en olmos ni en sogas de cáñamo,
Si no que me pregunté por qué la casa parecía aún tan nueva.
Me había parado a observar el crepúsculo
Y oía débiles aullidos que parecían venir del piso superior,
Cuando la hiedra que cubría los cristales dejó pasar
Un rayo de sol poniente que cogió por sorpresa al aullador.
Alcancé a verlo y huí arrebatadamente de aquel lugar
Y de aquella criatura con cuatro patas y rostro humano.

XIII. HESPERIA

La puesta de sol invernal, refulgiendo tras las agujas
Y las chimeneas medio desprendidas de esta esfera sombría,
Abre grandes puertas a algún año olvidado
De antiguos esplendores y deseos divinos.
Futuras maravillas arden en aquellos fuegos
Cargados de aventura y sin sombra de temor;
Una hilera de esfinges muestra el camino
Entre trémulos muros y torreones hacia liras lejanas.
Es la tierra donde florece el sentido de la belleza,
Donde todo recuerdo inexplicado tiene su fuente,
Donde el gran río del Tiempo inicia su curso descendiendo
Por el vasto vacío en sueños de horas iluminadas por las estrellas.

Los sueños nos aproximan pero un saber antiguo
Repite que el pie humano no ha pisado jamás estas calles.

XIV. VIENTOS ESTELARES

Es la hora de la penumbra crepuscular,
Casi siempre en otoño, cuando el viento estelar se precipita
Por las calles altas de la colina, que aunque desiertas
Muestran ya luces tempranas en cómodas habitaciones.
Las hojas secas bailan con giros extraños y fantásticos,
Y el humo de las chimeneas se arremolina con gracia etérea
Siguiendo las geometrías del espacio exterior,
Mientras Fomalhaut se asoma por las brumas del Sur.
Ésta es la hora en que los poetas lunáticos saben
Qué hongos emergen en Yuggoth, y qué perfumes
Y matices de flores, desconocidos en nuestros pobres
Jardines terrestres, llenan los continentes de Nithon.
¡Pero por cada sueño que nos traen estos vientos
Nos despojan una docena de los nuestros!

XV. ANTARKTOS

En lo hondo de mi sueño el gran pájaro susurraba de
[manera extraña
Hablándome del cono negro de los desiertos polares,
Que se alza lúgubre y solitario sobre el casquete glaciar,
Golpeado y desfigurado por los eones de frenéticas tormentas.
Allí no palpita ninguna forma de vida terrestre;
Sólo pálidas auroras y soles extinguidos
Brillan sobre ese peñón horadado, cuyo origen primitivo

Pretenden adivinar a oscuras los Ancianos.
Si los hombres lo vieran, se preguntarían sencillamente
Qué raro capricho de la Naturaleza contemplan;
Pero el pájaro me ha hablado de partes más extensas
Que meditan ocultas bajo la espesa mortaja de hielo.
¡Dios ayude al soñador cuyas locas visiones le muestren
Esos ojos muertos encajados en abismos de cristal!

XVI. LA VENTANA

La casa era vieja, con alas arbitrariamente enredadas
Cuya disposición nadie conocía a ciencia cierta,
Y en una pequeña estancia hacia la parte trasera
Había una extraña ventana cegada con piedra antigua.
Allí, en una infancia agobiada por los sueños, solía ir
Siempre solo cuando reinaba la noche vaga y negra,
Quitando telarañas con una curiosa falta de miedo
Y sintiéndome cada vez más extasiado.
Más tarde llevé allí a los albañiles
Para descubrir qué vista habían eludido mis lejanos
[antepasados,
Pero cuando perforaron la piedra entró impulsiva
Una ráfaga de aire del vacío extraño que se abría al otro lado.
Entonces huyeron, pero yo me asomé y encontré desplegados
Todos los mundos salvajes que me habían revelado mis sueños.

XVII. UN RECUERDO

Había grandes estepas y mesetas rocosas
Que se expandían casi ilimitadas en la noche estrellada,
Con fuegos de campamento que iluminaban lánguidamente
Manadas velludas de animales con esquilas tintineantes.
Al sur, en la distancia, la llanura se agrandaba y descendía
Hacia una oscura muralla tendida en zigzag
Como una enorme pitón de la edad primitiva
Que el tiempo infinito hubiera helado y petrificado.
Tiritaba inexplicablemente en el aire frío y enrarecido,
Y me preguntaba dónde estaba y cómo había llegado allí,
Cuando una figura envuelta en una capa junto a una hoguera
Se levantó y se aproximó, llamándome por mi nombre.
Y al mirar aquella cara muerta bajo la capucha
Perdí la esperanza pues había comprendido.

XVIII. LOS JARDINES DE YIN

Al otro lado de la muralla, cuya antigua mampostería
Alcanzaba casi al cielo con torres cubiertas de musgo,
Debía haber jardines suspendidos, llenos de flores
Y aleteos de pájaros, mariposas y abejas.
Debía haber paseos, y puentes sobre cálidos estanques
Sembrados de lotos donde se reflejaban cornisas de templos,
Y cerezos de ramas y hojas delicadas
Contra un cielo rosado donde se colaban las garzas.
Todo debía estar allí, pues ¿no habían mis viejos sueños
Franqueado la puerta de aquel dédalo de linternas de piedra
Donde arroyos aletargados dibujan sus cursos tortuosos
Guiados por verdes sarmientos de parras colgantes?

Corrí hacia allí pero al llegar a la muralla, sombría e inmensa,
Descubrí que ya no había ninguna puerta.

XIX. LAS CAMPANAS

Año tras año oí aquel tañido débil y lejano
De graves campanas traído por el viento negro de media noche;
Excepcionales repiques, que no venían de ningún campanario
Que pudiese descubrir, sino como de más allá de un gran vacío.
Indagué una pista en mis sueños y recuerdos,
Y pensé en todos los carillones que alojaban mis visiones;
Los de la apacible Innsmouth, donde las blancas gaviotas
[planeaban
En torno a una aguja que conocí antaño.
Siempre confuso continué oyendo caer aquellas notas lejanas
Hasta una noche de marzo en que la lluvia fría y desapacible
Me hizo atravesar de nuevo las puertas del recuerdo
Hacia las viejas torres donde tañían badajos enloquecidos.
Tañían pero desde las corrientes sin sol que fluyen
Por valles profundos hasta verter al lecho muerto del mar.

XX. BESTEZUELAS NOCTURNAS

No sabría decir de qué criptas salen arrastrándose,
Pero cada noche veo esas criaturas pegajosas,
Negras, cornudas y descarnadas, con alas membranosas
Y colas que exhiben la barba dividida del infierno.
Llegan en legiones traídas por el viento del Norte
Con garras obscenas que cosquillean y escuecen,
Y me agarran y me llevan en viajes atroces

A mundos grises ocultos en el fondo del pozo de las pesadillas.
Pasan tocando los picos dentados de Thok
Sin hacer el menor caso de mis gritos ahogados,
Y descienden por los abismos inferiores hasta ese lago inmundo
Donde los shoggoths atiborrados chapotean en un sueño
[incierto.
Pero ¡ay! ¡Si al menos hicieran algún ruido
O tuvieran una cara donde se frecuente tener!

XXI. NYARLATHOTEP

Y al fin vino del interior de Egipto
El insólito Oscuro ante el que se inclinaban los fellás;
Sigiloso, descarnado, misteriosamente altivo
Y envuelto en telas rojas como las llamas del sol poniente.
A su alrededor se apretujaban las masas, deseosas de sus
[mandatos,
Pero al marcharse no podían repetir lo que habían oído;
Mientras por las naciones se divulgaba la pavorosa noticia
De que las bestias salvajes le seguían lamiéndole las manos.
Rápido comenzó en el mar un nacimiento dañino;
Tierras olvidadas con agujas de oro cubiertas de algas;
Se abrió el suelo y auroras rabiosas se abatieron
Sobre las estremecidas ciudadelas de los hombres.
Entonces, destruyendo lo que había moldeado por juego,
El Caos idiota barrió el polvo de la Tierra.

XXII. AZATHOTH

El demonio me condujo por el vacío sin sentido
Más allá de las brillantes multitudes del espacio dimensional,
Hasta que no se extendió ante mí ni tiempo ni materia
Sino sólo el Caos, sin forma ni lugar.
Allí el grandioso Señor de Todo susurraba en la penumbra
Cosas que había soñado pero que no podía entender,
Mientras a su lado murciélagos deformes se sacudían y
[revoloteaban
En vórtices idiotas traspasados por haces de luz.
Danzaban locamente al sutil compás gimiente
De una flauta cascada que sostenía una zarpa monstruosa,
De donde emergían las ondas sin objeto que al mezclarse
[al azar
Imponen a cada frágil cosmos su ley eterna.
«Yo soy Su emisario», dijo el demonio,
Mientras golpeaba con ofensa la cabeza de su Amo.

XXIII. ESPEJISMO

No sé si existió alguna vez
Ese mundo perdido que flota opacamente en el río del Tiempo,
Pero lo he visto frecuentemente, cubierto en una bruma violeta
Y brillando débilmente al fondo de un sueño vago.
Había extrañas torres y ríos con curiosos meandros,
Laberintos de maravillas y bóvedas llenas de luz,
Y cielos ardientes cruzados por ramas, como los que tiritan
Deseablemente momentos antes de una noche invernal.
Grandes marismas llevaban a costas desiertas con juncales
Donde aleteaban aves inmensas, y en una colina ventosa

Había un pueblo antiguo con un blanco campanario
Cuyos repiques vespertinos resuenan aún en mis oídos.
No sé qué tierra es ésa ni me atrevo a preguntar
Cuándo o por qué estuve, o estaré allí.

XXIV. EL CANAL

En algún lugar del sueño hay un paraje maldito
Donde altos edificios abandonados se amontonan a lo largo
De un canal estrecho, sombrío y hondo, que apesta
A cosas horrendas arrastradas por corrientes grasientas.
Callejones con viejos muros que se tocan casi en lo alto
Desembocan en calles que uno puede conocer o no,
Y un pálido claro de luna lanza un brillo espectral
Sobre largas hileras de ventanas, oscuras y muertas.
No se oyen ruidos de pasos, y ese sonido suave
Es el del agua grasienta resbalándose
Bajo puentes de piedra y por las orillas
De su cauce profundo, hacia algún impreciso océano.
Ningún ser vivo podría decir cuándo arrastró esa corriente
Del mundo de arcilla su región perdida en el sueño.

XXV. SAN TOAD

«¡Cuidaos del carillón cascado de San Toad!», le escuché gritar
Mientras me adentraba por aquellas callejuelas demenciales
Que serpentean en laberintos sombríos e indefinidos
Al sur del río donde sueñan los siglos antiguos.
Era una figura furtiva, encorvada y harapienta,
Y en un instante desapareció tambaleándose,

Así que continué hundiéndome en la noche
Hacia nuevas líneas de tejados, dentadas y malignas.
Ninguna guía habla de lo que espiaba allí.
Pero entonces oí chillar a otro viejo:
«¡Cuidaos del carillón cascado de San Toad!».
Y cuando sintiéndome decaer
Me contuve, oí a un tercer anciano graznar de miedo:
«¡Cuidaos del carillón cascado de San Toad!». Huí despavorido
Hasta que de pronto brotó ante mí aquel negro campanario.

XXVI. LOS FAMILIARES

John Whateley vivía como a una milla de la ciudad,
Allí donde las colinas empiezan a amontonarse;
Nunca habíamos considerado que tuviese mucho juicio,
Viendo cómo dejaba echar a perder su granja.
Pasaba el tiempo leyendo unos libros extraños
Que había encontrado en el desván de su casa,
Hasta que unos surcos chocantes le arrugaron la cara
Y todo el mundo dijo que no le gustaba su aspecto.
Cuando empezó con aquellos aullidos nocturnos resolvimos
Que sería mejor recluirle para impedir algún daño,
Así que tres hombres del manicomio de Aylesbury
Fueron a buscarle pero volvieron solos y aterrados:
Le habían encontrado hablando a dos seres agazapados
Que al oír sus pasos se volcaron a volar con grandes alas negras.

XXVII. EL FARO DEL ANCIANO

De Leng, donde los picos rocosos se yerguen sombríos y
[pelados
Bajo frías estrellas ocultas a los ojos humanos,
Surge al anochecer un único haz de luz
Cuyos lejanos rayos azules hacen clamar y rezar a los pastores.
Dicen (aunque nadie ha estado allí) que proviene
De un faro alojado en una torre de piedra,
Donde el último Anciano vive solo
Hablando al Caos con redobles de tambores.
La Cosa, murmuran, lleva una máscara de seda
Amarilla, cuyos raros pliegues parecen esconder
Una cara que no es de esta tierra, aunque nadie intenta
Preguntar qué semblantes abultados hay debajo.
Muchos, en la primera juventud del hombre, buscaron
[ese faro,
Pero nadie sabrá jamás lo que encontraron.

XXVIII. EXPECTACIÓN

No sabría decir por qué algunas cosas me causan
Una impresión de maravillas inexploradas por venir,
O de grieta en el muro del horizonte
Que se abre a mundos donde sólo los dioses pueden vivir.
Es una curiosidad vaga, sin aliento,
Como de grandes pompas antiguas que recuerdo a medias,
O de aventuras salvajes, incorpóreas,
Plenas de éxtasis y libres como una alucinación.
La encuentro en puestas de sol y en extrañas agujas urbanas,
En viejos pueblos y bosques y cañadas brumosas,

En los vientos del Sur, en el mar, en collados y ciudades
[iluminadas,
En viejos jardines, en canciones entreoídas y en los fuegos
[de la luna.
Pero aunque sólo por su encanto vale la pena vivir la vida
Nadie alcanza ni sospecha el don que sugiere.

XXIX. NOSTALGIA

Cada año, al resplandor apesadumbrado del otoño,
Los pájaros alzan el vuelo sobre un océano desierto,
Trinando y gorjeando con prisa jubilosa
Por llegar a una tierra que su memoria recóndita conoce.
Grandes jardines colgantes donde se abren flores
De vivos colores, hileras de mangos de gusto exquisito
Y arboledas que forman templos con ramas entrelazadas
Sobre frescos senderos todo esto les revelan sus imprecisos
[sueños.
Buscan en el mar rastros de su antigua costa,
Y la alta ciudad blanca, erizada de torres.
Pero sólo las aguas vacías se extienden ante ellos,
Así que al fin dan media vuelta una vez más.
Y mientras tanto, sumergidas en un abismo apestado
[de extraños pólipos,
Las viejas torres añoran su canto perdido y recordado.

XXX. PAISAJE DE FONDO

Nunca he podido aferrarme a las cosas nuevas y crudas,
Pues vi la primera luz en una ciudad antigua,

Donde los tejados apiñados descendían desde mi ventana
Hacia un puerto pintoresco, rico en visiones.
Calles con puertas cinceladas donde los rayos del sol poniente
Bañaban viejos montantes de abanico y pequeñas vidrieras,
Y campanarios georgianos acabados con veletas doradas.
Tales fueron las vistas que esculpieron mis sueños infantiles.
Estos tesoros, heredados de épocas de sensata levadura,
Desfiguran la presencia de las débiles quimeras
Que se sacuden en vana mudanza y con fe confusa
Entre los muros inmutables de la tierra y el cielo.
Cortan las cadenas del instante y me dejan libre
Para erguirme en solitario ante la eternidad.

XXXI. EL HABITANTE

Ya era viejo cuando Babilonia era joven;
Nadie sabe el tiempo que llevaba durmiendo bajo aquel
[montículo
Cuando nuestras palas indagadoras encontraron al fin
Sus bloques de granito y los expusieron a la luz.
Había inmensos pavimentos y cimientos de muros,
Y losas y estatuas fragmentadas, donde el cincel representó
A seres fantásticos de alguna edad arcaica,
Más allá de la reminiscencia del mundo humano.
Entonces vimos aquellos escalones de piedra que descendían
Por una puerta atrancada de dolomita grabada
Hasta un sombrío refugio de noche eterna
Donde amenazaban signos antiguos y secretos primigenios.
Abrimos un sendero pero huimos en loca estampida
Al oír aquellos pasos pesados que subían.

XXXII. ALIENACIÓN

Su carne material nunca se había separado,
Pues cada aurora le encontraba en su lugar usual,
Pero su espíritu amaba deambular cada noche
Por abismos y mundos distantes del día ordinario.
Había visto Yaddith y conservado empero el juicio,
Había vuelto ileso de la región ghoórica,
Hasta que una noche tranquila traspasó el curvo espacio
Aquella llamada apremiante que venía del vacío exterior.
Por la mañana despertó convertido en un anciano,
Y desde entonces nada ha vuelto a parecerle igual.
Los objetos flotan a su alrededor, nebulosos e indistintos,
Como fantasmas engañosos que ejecutan un plan más enorme.
Su familia y sus amigos son ahora una multitud extraña
A la que lucha en vano por pertenecer.

XXXIII. SIRENAS PORTUARIAS

Por encima de viejos tejados y agujas desconchadas
Las sirenas del puerto cantan durante toda la noche;
Gargantas venidas de puertos extraños, de blancas playas
[distantes
Y océanos fabulosos, convenidas en coros mezclados.
Ajenas unas a otras, no se conocen entre sí,
Pero todas, por obra de alguna fuerza opacamente concentrada
Desde abismos ensimismados más allá del curso del Zodiaco,
Se funden en un misterioso zumbido cósmico.
A través de vagos sueños organizan un desfile
De formas aún más vagas, sugerencias y visiones;
Ecos de vacíos exteriores y sospechas tenues

De cosas que ni ellas mismas pueden definir.
Y siempre en ese coro, tenuemente entrelazadas,
Captamos algunas notas que ningún buque terrenal
[emitió jamás.

XXXIV. RECAÍDA

El camino descendía por un oscuro brezal raramente arbolado
Donde piedras grises de musgo resaltaban del mantillo,
Y unas gotas curiosas, alarmantes y frías,
Chapoteaban desde arroyos invisibles que corrían a mis pies.
No hacía viento, ni se oía el mínimo ruido
Entre los arbustos enredados y los árboles de extrañas formas,
Y ninguna perspectiva se extendía ante mí, hasta que de repente
Vi un túmulo monstruoso en medio del camino.
Sus lados escarpados se erguían amenazantes contra el cielo,
Envueltos en hiedra tupida y hendidos por una escalera
[en ruinas
Que ascendía hasta la altura pavorosa con escalones de lava
Demasiado grandes para cualquier pie humano.
Di un grito… ¡y supe qué estrella y qué año primigenios
Me habían vuelto a despojar de la esfera humana de
[sueños fugaces!

XXXV. ESTRELLA VESPERTINA

La vi desde aquel lugar escondido y silencioso
Donde el viejo bosque oculta a medias la pradera.
Resplandecía a través de los esplendores del crepúsculo,
[anémica

Al principio, pero con una cara que poco a poco se encendía.
Llegó la noche, y aquel fanal solitario, teñido de ámbar,
Hirió mi vista como nunca lo había hecho antaño;
La estrella vespertina, pero mil veces ampliada,
Deslumbraba aún más en aquella quietud y aquella soledad.
Esbozaba extraños dibujos en el aire estremecido.
Recuerdos borrosos que siempre habían colmado mis ojos.
Enormes torres y jardines, curiosos mares y cielos
De alguna vida vaga, no sé de dónde.
Pero entonces supe que a través de la bóveda cósmica
Aquellos rayos me llamaban desde mi lejano hogar perdido.

XXXVI. CONTINUIDAD

Hay en algunas cosas antiguas una huella
De una esencia vaga, más que un peso o una forma,
Un éter sutil, impreciso,
Pero unido a todas las leyes del tiempo y el espacio.
Un signo sutil y velado de continuidades
Que los ojos exteriores no llegan a descubrir;
De dimensiones recluidas que hospedan los años idos,
Y fuera del alcance, salvo para llaves ocultas.
Me perturba sobre todo cuando los rayos oblicuos del sol
[poniente
Iluminan viejas granjas en la ladera de una colina,
Y pintan de vida las formas que permanecen exánimes
Desde hace siglos, menos quiméricas que todo esto
[que conocemos.
Bajo esa luz extraña siento que no estoy lejos
De la masa inalterable cuyos lados son las edades.

Índice

El terror en la literatura

Poemas selectos